U0905294

珍藏本
纪念版

汉译世界学术名著丛书

任何一种能够作为科学出现的未来形而上学导论

〔德〕康德 著

庞景仁 译

2017年 · 北京

Prolegomena
zu
einer jeden
künftigen Metaphysik,
die
als Wissenschaft
wird auftreten kønnen,

von

Immanuel Kant.

据卡勒斯英文本译,据德文施密特版校核

汉译世界学术名著丛书
（120年纪念版·珍藏本）
出 版 说 明

2017年2月11日，商务印书馆迎来120岁的生日。120年前，商务印书馆前贤怀揣文化救国的理想，抱持“昌明教育，开启民智”的使命，立足本土，放眼寰宇，以出版为津梁，沟通中西，为中国、为世界提供最富智慧的思想文化成果。无论世事白云苍狗，潮流左右激荡，甚至战火硝烟弥漫，始终践行学术报国之志，无改初心。

迻译世界各国学术名著，即其一端。早在20世纪初年便出版《原富》《天演论》等影响至今的代表性著作，1950年代后更致力于外国哲学和社会科学经典的译介，及至1980年代，辑为“汉译世界学术名著丛书”，汇涓为流，蔚为大观。丛书自1981年开始出版，历时三十余年，迄今已推出七百种，是我国现代出版史上规模最大、最为重要的学术翻译工程。

丛书所选之书，立场观点不囿于一派，学科领域不限于一门，皆为文明开启以来，各时代、各国家、各民族的思想与文化精粹，代表着人类已经到达过的精神境界。丛书系统译介世界学术经典，引领时代思想，为本土原创学术的发展提供丰富的文化滋养，为推动中国现代学术和现代化进程做出了突出的贡献。

为纪念商务印书馆成立120周年，我们整体推出“汉译世界学术名著丛书”120年纪念版的珍藏本，寄望既利于文化积累，又便于研读查考，同时向长期支持丛书出版的译者、编者和读者致以敬意。

两甲子后的今天，商务印书馆又站在了一个新的历史时间节点上。我们不仅要铭记先辈的身影和足迹，更须让我们的步伐充满新的时代精神。这是商务人代代相传的事业，更是与国家和民族的命运始终紧密相连的事业。我们责无旁贷，必须做好我们这代人的传承与创造，让我们的努力和成果不仅凝聚成民族文化的记忆，还能成为后来人可以接续的事业。唯此，才能不负前贤，无愧来者。

商务印书馆编辑部

2017年10月

目　　录

导　　言

本《导论》不是为学生用的，而是为未来的教师用的；即使未来的教师也不应该指望用它来系统地阐述一门现成的科学，而应该首先用来发掘这门科学。

对有些学者来说，哲学史（古代的和近代的）本身就
是他们的哲学。这本《导论》不是为他们写的。他们应
该等到那些致力于从理性本身的源泉进行探讨的人把工
作完成之后，向世人宣告已经做出了什么事情。否则，在
他们看来，没有什么可说的，什么东西都是以前早已说过 4
了的；而且，实在说来，这种说法和一种万灵的预言一样，
对于将来也永远有效，因为人类理智多少世纪以来已经
用各种方式思考过了数不尽的东西，而任何一种新东西
都几乎没有不和旧东西相似的。

我的目的是要说服所有那些认为形而上学有研究价值的人，让他们相信把他们的工作暂停下来非常必要，把至今所做的一切东西都看做是没曾做过，并且首先提出“象形而上学这种东西究竟是不是可能的”这一问题。

如果它是科学，为什么它不能像其他科学一样得到

普遍、持久的承认？如果它不是科学，为什么它竟能继续
不断地以科学自封，并且使人类理智寄以无限希望而始
终没有能够得到满足？不管是证明我们自己的有知也
罢，或者无知也罢，我们必须一劳永逸地弄清这一所谓科
5 学的性质，因为我们再不能更久地停留在目前这种状况
上了。其他一切科学都不停地在发展，而偏偏自命为智
慧的化身、人人都来求教的这门学问却老是原地踏步不
前，这似乎有些不近情理。同时，它的追随者们已经东零
西散，自信有足够的能力在其他科学上发挥才能的人们
谁也不愿意拿自己名誉在这上面冒风险。而一些不学无
术的人在这上面却大言不惭地做出一种决定性的评论，这
是因为在这个领域里，实在说来，人们还不掌握确实可靠
的衡量标准用以区别什么是真知灼见，什么是无稽之谈。

但是当人们看到一门科学经过长期努力之后得到长
足发展而惊叹不已时，有人竟想到要提出像这样的一门
科学究竟是不是可能的以及是怎样可能的这样的问题，这
本来是不足为奇的，因为人类理性非常爱好建设，不只一
次地把一座塔建成了以后又拆掉，以便察看一下地基情况
6 如何。明智起来是不管什么时候都不算太晚的；不过，考
察如果做得太晚，工作进行起来总会是更困难一些的。

一种科学是不是可能的这种问法，首先就意味着人们怀疑某种科学的实在性；然而这种怀疑会冒犯了一些人，他们的全部财富也许就建筑在这种假想的宝贝上，因

此谁要对这门科学表示怀疑,谁就必定遭到各方面的反对。有些人为他们的古老的财富而骄傲自满,认为他们的财富就是由于古老才是合法的,他们将会手捧他们的形而上学课本,对这种怀疑加之以白眼。另外一些人看到的是他们似乎在别的什么地方也看到过这东西,他们对这种怀疑将无从理解。于是一时无论什么都一如既往,好像任何足以令人对即将到来的变化感到惶惑或者寄以希望的事,都没有发生似的。

虽然如此,我敢预言,本《导论》的善于独立思考的
读者们将不仅怀疑他们至今所拥有的这门科学,而且继
而会完全相信除非具备了这里所提出的它的可能性所根 7
据的条件,否则它就不能存在;既然条件从来没有具备,
因此像形而上学这种东西就还不曾有过。不过,由于它
密切关系着普遍的人类理性的利益而被不断地要求
着,* 他们将承认它必不可免地要按照一种前所未闻的
方案做一次根本的改革,或者甚至另起炉灶,尽管人们一

* Rusticus exspectat, dum defluat amnis; at ille
Labitur et labetur in omne volubilis aevum.

Horat.

乡下佬等候在河边,
企望着河水流干;
而河水流啊、流啊,
永远流个不完。

——贺拉斯

时反对这种做法。

自从洛克《人类理智论》和莱布尼茨《人类理智新论》出版以来,甚至尽可能追溯到自从有形而上学以来,对于这一科学的命运来说,它所遭受的没有什么能比休谟所给予的打击更为致命。休谟并没有给这一类知识带来什么光明,不过他却打出来一颗火星,如果这颗火星遇到一个易燃的火捻,而这个星星之火又得到小心翼翼的护养并且让它着起来的话,从这个火星是能得出光明来的。

8 休谟主要是从形而上学的一个单一的然而是很重要的概念,即**因果连结**概念(以及由之而来的力、作用等等派生概念)出发的。他向理性提出质问,因为理性自以为这个概念是从它内部产生的。他要理性地回答他:理性有什么权利把事物想成是如果一个什么事物定立了,另外一个什么事物也必然随之而定立;因为因果概念的意思就是指这个说的。休谟无可辩驳地论证说:理性绝不可能先天地并且假借概念来思维这样一种含有必然性的结合。不可理解的是:由于这一事物存在,怎么另一事物也必然存在;这种连结,它的概念怎么能是来自先天的。他因而断言:理性在这一概念上完全弄错了,错把这一概念看成是自己的孩子,而实际上这个孩子不过是想象力的私生子,想象力由经验而受孕之后,把某些表象放在联想律下边,并且把由之而产生的主观的必然性,即习
9 惯性,算做是来自观察的一种客观的必然性。因而他又

断言：理性并没有能力即使一般地去思维这样的连结，否则它的诸概念就会纯粹是一些虚构，而它的一切所谓先天知识就都不过是一些打上错误烙印的普通经验了，这就等于说没有，也不可能有形而上学这样的东西。*

他的结论尽管下得仓促、不正确，但至少以观察为根据，而这种观察本来是值得当时一些有识之士一起动手把这问题按照他所提出来的想法有可能解决得比较顺利一些，使这门科学很快地得到根本改革。

然而形而上学一向遭遇到的厄运决定了休谟得不到任何人的理解。他的论敌里德、奥斯瓦尔德、毕提，以及后来普里斯特列等人①完全弄错了问题之所在，偏偏把

* 虽然如此，休谟也还是把这种有破坏性的哲学叫做形而上学，并且认为它有很大价值。他说："形而上学和道德学是最重要的科学部门；数学和物理学的重要性还不及它们的一半。"（见休谟：《人性论》第四部分，〔德译本〕第 214 页。）不过这位见解高明的人只注意了它的消极作用，即它可以节制思辨理性的过分要求，以便制止使人类陷于迷乱的许许多多无尽无休的讨厌的争论；但是这样一来，假如理性的最重要的一些前景被去掉了的话，他就忽视了由之而来的实际危害，因为只有这些前景才能使意志的一切努力有其最崇高的目的。

① 里德（Thomas Reid，1710—1796）、奥斯瓦尔德（James Osward，？—1793）、毕提（James Beattie，1735—1803）都是英国苏格兰学派哲学家。这个学派的特点是推崇"良知"（即正常人的正确判断能力），反对休谟的观念说。普里斯特列（Joseph Priestley，1733—1804）是英国哲学家兼科学家，氧的发现者，他和休谟实际上都是继承英国唯物主义者培根和霍布斯的经验论的路线；不过，休谟从经验论向主观唯心主义方向发展，而普里斯特列从经验论向唯物主义方向发展，这是他反对休谟的原因。——译者

他所怀疑的东西认为是他所赞成的，而反过来，把他心里从来没有想到要怀疑的东西却大张旗鼓地、甚至时常是厚颜无耻地加以论证，他们对他的趋向于改革的表示非常漠视，以致一切仍保持旧观，好像什么都没有发生过似的，看到这一切，实在不能不令人感到痛心。问题不在于因果概念是否正确、有用，以及对整个自然知识说来是否必不可少(因为在这方面休谟从来没有怀疑过)，而是在于这个概念是否能先天地被理性所思维，是否具有一种独立于一切经验的内在真理，从而是否具有一种更为广
11 泛的、不为经验的对象所局限的使用价值：这才是休谟所期待要解决的问题。这仅仅是概念的根源问题，而不是它的必不可少的使用问题。根源问题一旦确定，概念的使用条件问题以及适用的范围问题就会迎刃而解。

然而，为了圆满地解决这个问题，这位杰出人物的论敌们本来应该深入到理性的性质里边去钻研，因为理性之所司就在于纯思维；然而这对他们说来是不相宜的。他们妄自尊大，不去做任何考察研究，竟发明了一个更为省事的办法，即向良知求教。不错，具有一种正直的(或者像近来人们所称的那样：平凡的)良知确是一个伟大的天赋。不过，这种良知是必须用事实，通过慎思熟虑、合乎理性的思想和言论去表现的，而不是在说不出什么道理以自圆其说时用来像祈求神谕那样去求救的。等到考察研究和科学都无能为力时(而不是在这以前)去向

良知求救，这是新时代的巧妙发明之一；用这种办法，最 12
浅薄的大言不惭之徒保险能同最深刻的思想家进行挑战，并且还能招架一番。不过，人们只要稍微做一点考察研究，就不会去找这个窍门。而且，认真看起来，向良知求救就是请求群盲来判断，群盲的捧场是哲学家为之脸红，而走江湖的假药骗子却感到光荣而自以为了不起的事情。我想，休谟也完全可以和毕提一样要求良知的；但是除此而外他还要求一种批判的理性（毕提肯定没有这一点），这种批判的理性控制良知，使良知不去进行思辨，或者当问题只在于思辨时，限制它去做任何决定，因为它对它自己的论据是不能自圆其说的。只有在这个条件之下它才不失其为良知。凿子和槌子可以在木工中使用；对于铜刻，这就要用腐刻针。良知和思辨理智一样， 13
二者都各有其用；前者用于在经验里边马上要使用的判断上，后者用于凡是要一般地、纯粹用概念来进行判断的地方，比如在形而上学里。在形而上学里，良知（常当做反义词使用）是绝不能去做判断的。

我坦率地承认，就是休谟的提示在多年以前首先打破了我教条主义的迷梦，并且在我对思辨哲学的研究上给我指出来一个完全不同的方向。我根本不赞成他的结论。他之所以达成那样的结论，纯粹由于他没有从问题的全面着眼，而仅仅采取了问题的一个片面，假如不看全面，这个片面是不能说明任何东西的。如果我们从别人

传授给我们的一个基础稳固的然而是未经发挥的思想出发，那么我们由于坚持不懈的深思熟虑，就能够希望比那位见解高明的人更前进一步，多亏他的第一颗火星，我们才有了这个光明。

因此我首先试一下，看看休谟的反驳意见能不能用
14 于一般，接着我就看出：因果连结概念绝不是理智用以先
天地思维事物连结的唯一概念；相反，形而上学完全是由
像这样的一些概念做成的。我试求确定它们的数目，我
如愿以偿地成功了，我把它们归结为是来自一个原理的；
然后，我就对这些概念进行演绎；这些概念，我已确知它
们不是像休谟所害怕的那样来自经验，而是来自纯粹理
智。这个演绎，对我的这位见解高明的前辈来说，似乎是
不可能的，在他以外也没有人曾经想到过，虽然人人都信
心十足地使用这些概念，而不曾过问它们的客观有效性
究竟根据什么。这个演绎，我说，是所从事过的形而上学
事业中最难的；而最糟糕的是，现有的形而上学在这上面
对我一点帮助都没有，因为形而上学首先必须根据这个
演绎才有其可能性。但是，当我不仅在纯粹理性的个别
方面，而且也在它的全部能力上成功地解决了休谟的问
15 题之后，我就能够稳步地、虽然一直非常缓慢地前进，以
便最后全面地根据一般原理来规定纯粹理性的全部领
域，包括它的界线和内容。对形而上学来说，为了根据一
种可靠的方案来建立它的体系，这是非常需要的。

但是我怕休谟的问题用尽可能大的规模（比如用《纯粹理性批判》的规模）**摆出来**会和问题本身在它第一次被提出来时一样得不到解决。因为那样的解决将会受到不恰当的评断，因为大家不理解它；而大家之所以不理解它，是因为，大家尽管肯把书翻阅一遍，却不愿从头到尾对它反复加以思考；而大家之所以不愿费那么大气力，是因为这部著作干燥、晦涩、不合乎现有的一切概念，尤其是过于冗长。虽然如此，我承认我却没有想到会从一位哲学家的嘴里听到这样的一些抱怨，说它缺乏通俗性、乏味、不流畅，因为它关系到一种受到高度评价的、必不可少的知识的存在性问题，这种知识必须根据有严格准确性的一些最严谨的规律才能建立起来。时间长了是会 16
通俗化起来的，但一开始还不行。然而，至于说到某种程度的晦涩（它部分的原因是方案太大，不容易使人一眼就看到主要论点，而这些论点在这一研究中又是很重要的），这个抱怨是正确的，我就是想通过现在这个《**导论**》来纠正这一点。

前一部著作[1]是论述纯粹理性能力的全部领域和范围的，仍然是基础，而《导论》仅仅做为该著作的预备课；因为在能够设想使形而上学出现之前，或者甚至在抱有这样的一种渺茫的希望之前，该《批判》必须全面地建立

① 指《纯粹理性批判》。——译者

成为系统的、最详尽的科学才行。

古老的、陈旧的知识，当人们从它们原来的联系中把它们提出来，给它们穿上一套式样新奇的服装并且冠上一个新的名称时，它们就转化成为新的知识。这是人们
17 长久以来就司空见惯了的事。大部分读者所期待于上述《批判》的也不是别的。不过本《导论》将使他们看出它完全是一门新的科学，关于这门科学，以前任何人甚至连想都没有想过，就连它的概念都是前所未闻的，而至今除了休谟的怀疑所能给的启发以外，没有什么现成的东西能够对它有用；即使休谟也没有料到可能有这样的一种正规的科学，而为了安全起见，他是把他的船弄到岸上（弄到怀疑论上）来，让它躺在那里腐朽下去的。至于我，却不采取这样做法；我是给它一个驾驶员，这个驾驶员根据从地球的知识里得来的航海术的可靠原理，并且备有一张详细的航海图和一个罗盘针，就可以安全地驾驶这只船随心所欲地到什么地方去。

人们想象可以用自以为已经获得的、但其实在性又
18 恰恰是首先必须绝对加以怀疑的知识，就能评断这样一门新科学。这门科学是完全孤立无援的，并且在它那一门类里又是独一无二的。这样做只能使人们由于言辞相似而以为看到哪里都是早已知道了的东西，只不过一切都被表达得很不像样，不合情理，而且一塌糊涂罢了；这是因为人们所依据的不是著者的思想，而是他们自己的、

由于长期的习惯而成了天性的思想方式。不过,著作的篇幅冗长(这决定于这门科学本身,而不决定于阐述)以及由之而来的无法避免的干燥无味和严格的准确性,这些特点无疑对于这个事业本身来说可以是非常有利的,而对于著作本身来说却肯定是不利的。

并不是一切人的文笔都能有休谟的那样漂亮同时又那样动人,或者有门德尔松[1]的那样深刻同时又那样秀丽的。至于通俗性,我可以自夸,我的目的如仅是草拟一
个纲要交给别人去完成,我不是一心为我从事了这么久 19
的这门科学的利益着想,那么,我是能够使我的阐述具有这种优点的。再说,我并不巴望早受欢迎,而宁愿期待虽晚然而持久的称赞,那是要有很大毅力,要具备不小的忘我精神的。

制订纲要这往往是一种华而不实、虚张声势的精神工作,人们通过它来表现一种有创造性的天才的神气,所要求的是连自己也给不出的东西,所责备的是连自己也不能做得更好的事,所提出的是连自己也不知道在什么地方可以找到的东西。然而对于一般理性批判的一个完善的计划,假如不是像通常那样仅仅表白一些虔诚的愿望的话,那么所要求的就要比人们想象的更多些。而纯粹理性是如此孤立无援,本身又是如此浑然一体的一个

[1] Moses Mendelssohn (1729—1786),德国哲学家。——译者

领域，以致牵其一发就不能不动其全身，不把每一部分的位置和它对其余部分的影响首先确定下来，我们就一筹莫展；因为，任何外部的东西都不能订正我们内部的判
20 断，每一部分的有效性和使用都取决于它在理性本身里边同其余各部分的关系，就如同在一个有机物体的结构里，每一个肢体的目的只能从整体的总概念中得出来一样。因此，关于这样的一种批判，可以说，假如不是把纯粹理性连它的最细小的各部分都**全部完成了**以后，它就永远不能是可靠的东西，并且在这个能力的领域里，必须是要么就**全部**规定，要么就**什么也不**规定。

然而，像这样的一种仅仅是纲要的东西，假如说它在《纯粹理性批判》之前是不可理解的、不可信赖的，并且是没有用处的话，那么在《纯粹理性批判》之后，它就只能是更为有用的。因为，这样人们就能一眼窥其全貌，把这门科学中的主要重点一一加以检查，并且对于阐述上的许多方面处理得比原著最初编写时更好一些。

本书就是在原著完成之后编写的一个纲要，是按照
21 **分析法**写的，而**原著**不得不用**综合叙述法**，以便使本门科学得以把它的全部环节，作为一种完全特殊的认识能力的结构，从它们的自然结合上介绍出来。如果有谁对于我作为导论而放在一切未来形而上学之前的这个纲要仍然觉得晦涩的话，那就请他考虑到并不是每个人都非研究形而上学不可；要考虑到许多人在一些可靠的甚至是

深奥的、更能结合直观的科学里边能够成功地发挥他们的天才，而一到用纯粹抽象的概念来进行考察时就无能为力了，在这种情况下，他们就应该把他们的天才用到别的方面上去；但是谁要从事评论形而上学，或者尤其是从事编写一种形而上学，谁就必须满足这里所提出的要求：要么就采纳我的意见，要么就彻底反对它，用另外一种来代替它（因为要回避它是不可能的）。

最后要考虑到，受到如此责难的晦涩性（它时常被用做懒惰或无能的借口）也有它的用处。既然凡是在别 22
的科学上不敢说话的人，在形而上学问题上却派头十足地夸夸其谈，大言不惭地妄加评论，这是因为在这里他们的无知应该说同其他人的有知没有显著的区别，然而同真正批判的原则却绝然有别，而关于这一点，我们可以借用维吉尔[①]的诗句说：

Ignavum, fucos, pecus a praesepibus arcent.

Virg.

（工蜂从蜂巢里，把那些游手好闲的雄蜂赶出去。

维吉尔）

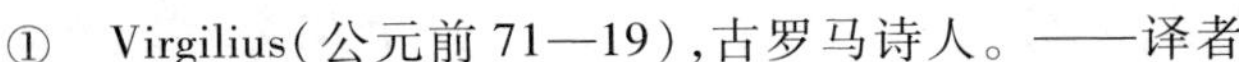

① Virgilius（公元前71—19），古罗马诗人。——译者

前　　言 23

论一切形而上学知识的特点

第　一　节

形而上学的源泉

如果想要把一种知识建立成为**科学**，那就必须首先能够准确地规定出没有任何一种别的科学与之有共同之处的、它所**特有的**不同之点；否则各种科学之间的界线就分不清楚，各种科学的任何一种就不能彻底地按其性质来对待了。

这些特点可以是**对象**的不同，或者是**知识源泉**的不同，或者是**知识种类**的不同，或者是不止一种，甚至是全部的不同兼而有之。一种可能的科学和它的领域的概念，首先就根据这些特点。

先说形而上学知识的**源泉**。形而上学知识这一概念
本身就说明它不能是经验的。形而上学知识的原理（不 24
仅包括公理，也包括基本概念）因而一定不是来自经验的，因为它必须不是形而下的（物理学的）知识，而是形而上的知识，也就是经验以外的知识。这样一来，它就既不能根据作为真正物理学的源泉的外经验，也不能根据作为经验心理学的基础的内经验。所以它是先天的知

识，或者说是出于纯粹理智和纯粹理性的知识。

不过，讲到这里，它同纯粹数学仍然区别不开，因此就必须把它叫做纯粹哲学知识。至于这一术语的意义，请参看《批判》第 712 页起[①]，在那里，理性的这两种使用上的区别解释得很明白，很充分。关于形而上学的源泉，就讲到这里为止。

第　二　节

唯一可以称之为形而上学的一种知识

甲、综合判断和分析判断之间的一般区别

形而上学知识只应包含先天判断，这是它的源泉的
25 特点所决定的。不过，各种判断，无论其来源以及其逻辑形式如何，都按其内容而有所不同。按其内容，它们或者仅仅是解释性的，对知识的内容毫无增加；或者是扩展性的，对已有的知识有所增加。前者可以称之为分析判断，后者可以称之为综合判断。

分析判断在谓项里面所说到的实际上没有不是在主

---

① 《纯粹理性批判》德文第二版第 740 页起，二、先验方法论第一章，第一节。康德在那里讲哲学知识和数学知识二者之间的区别，其中主要的是："哲学知识是从概念得来的理性知识，数学知识是从概念的构造得来的理性知识。""哲学知识只是在一般中看个别，数学知识是在个别中看一般。"——译者

项的概念里面想到过的，虽然不是那么清楚，也不是那么有意识。当我说："一切物体都是有广延的"，我一点都没有把我关于物体的概念加以扩大，而只是对它加以分析，因为在做出判断之前，广延已经在这个概念里被实际想到了，虽然并没有明白说出来；所以这个判断是分析判断。相反，"某些物体是有重量的"这一命题却在它的谓项里面包含了物体的一般概念里所没有实际想到的东西；它给我的概念增加了一点东西，从而扩大了我的知识，所以这个判断就必须称之为综合判断。

乙、一切分析判断的共同原理是矛盾律

一切分析判断完全根据矛盾律，而且就其性质来说，都是先天知识，不论给它们作为材料用的概念是不是经 26
验的。因为一个肯定的分析判断的谓项既然事先已经在主项的概念里被想到了，那么从主项里否定它就不能不陷于矛盾；同样道理，在一个否定的分析判断里，它的反面也必然要从主项而被否定，当然也是根据矛盾律。下面两个命题就是这样：一切物体都是有广延的；没有物体是没有广延的(单一的)。

就是由于这个道理，一切分析命题都是先天判断，即使它们的概念是经验的。比如，黄金是一种黄色金属；因为，为了知道这个，我在我的黄金的概念(这个概念是：这个物体是黄色的，是金属)以外，不需要更多的经验：因为我的概念恰好就是这个，我只要对它加以分析就够

了，用不着在它以外再去找别的什么东西。

丙、综合判断除矛盾律外，还要求另外一种原理

有后天综合判断，这是来自经验的；但是也有确乎是先天的综合判断，是来自纯粹理智和纯粹理性的。二者有一点是一致的，即绝不能只根据分析原则，即矛盾律，
27 还要求一种完全不同的原则，尽管永远必须**符合矛盾律**，不论从什么原则得出来的；因为无论什么都不能违背矛盾律，尽管并非任何东西都是能从它推出来的。我先把综合判断归类一下。

1. **经验判断**①永远是综合判断。让一个分析判断以经验为根据，那是不合情理的，因为我用不着超出我的概念去做这种判断，也用不着从经验去证明它。一个物体是有广延的，这是一个先天确立了的命题，并不是一个经验判断。因为在借助于经验以前，我在概念里早已具有我的判断的一切条件，我只要按照矛盾律从这个概念里抽出谓项来就够了，这样，判断的**必然性**也就同时被意识到了，这种必然性是经验无从教导我的。

2. **数学判断**全都是综合判断。这一事实尽管是千真万确的，并且在其后果上非常重要，却似乎一向为人类理性的分析家们所完全忽视，甚至同他们所料想的恰恰

① “经验判断”和“经验的判断”在康德看来是有区别的。参看第十八节。——译者

相反。由于看到数学家们的推论都是按照矛盾律进行的 28
（这是任何一种无可置疑的可靠性的本性所要求的），人们就以为〔数学的〕基本原理也是通过矛盾律来认识的。这是非常错误的。因为一个综合命题固然要根据矛盾律才能被理解，但是必须有另外一个综合命题做为前提，由那个命题才能推出这个命题来，而永远不能只通过这个定律本身来理解。

首先必须注意的是：真正的数学命题永远不是经验的判断，而是先天的判断，因为带有必然性，这种必然性不是从经验中所能得到的。如果大家不同意我这种说法，那么好吧，我就把我的命题限制在**纯粹数学**上；纯粹数学这一概念本身就说明它包含的不是经验的知识，而是纯粹先天的知识。

大家可以把 7＋5＝12 这个命题先想成是一个分析命题，是按照矛盾律从“7”与“5”之和这一概念得来的。然而经过进一步检查就可以看出，“7”与“5”之和这一概念所包含的只是两个数目之合而为一，绝对想不出把二者合起来的那个数目是什么。“12”这一概念是绝不能仅仅由于我想到“7”与“5”之和而能想出来的，不管我把
我关于像这样的一个可能的和数的概念分析多久，我也 29
找不出“12”来。我们必须超出这些概念，借助相当于这两个数目之一的直观，比如说，用 5 个指头，或者（像塞

格纳在他的《算学》[①]里所用的那样）用五个点，把直观所给的“5”的各单位一个、一个地加到“7”的概念上去。这样我们就通过 7+5=12 这个命题实际上扩大了我们的概念，并且在第一个概念上加上了一个新的概念，而这个新的概念是在第一个概念里所没有想到过的。因此算学命题永远是综合的，而且随着我们所采取的数字越大就越明显，因为那样我们就看得清楚，无论我们把我们的概念翻转多少遍，如果不借助于直观而只是一个劲儿地把我们的概念分析来分析去，我们是一辈子也得不到和数的。

纯粹几何学的一切公理也同样不是分析的。“直线是两点之间最短的线”，这是一个综合命题；因为我关于“直”的概念决不包含量，只包含质。所以“最短”这一概念完全是加上去的，用任何分析都不能从直线的概念里得出来，在这上面必须借助于直观，只有直观能使综合成为可能。

30 几何学家们所订立的其他一些原理虽然实际上是分析的，并且是根据矛盾律的，不过，作为同一命题，它们只做为在方法上连接之用，而不做为原理之用，比如 $a=a$，全等于其自身，或者 $(a+b)>a$，全大于分。而即使是这些命题，尽管单从概念上来说它们被认为是有效的，但在

① Segner:《数学入门》，1773 年（第二版）。——译者

数学上它们之所以被承认,也仅仅是因为它们能够在直观里被表象出来。

我们平常相信,这样无可置疑的判断,其谓项已经包含在我们的概念里了,因而这种判断是分析判断。实际上这不过是同语反复。我们是应该把某一个谓项用思想加到已有的概念上去的,并且这种必然性就结合在概念上。然而问题并不在于我应该把什么东西思想到已有的概念上去,而在于我们在这些概念里实际上(虽然是模糊地)思想到什么东西;而且这样就显出是谓项必然地结合到那些概念上去,不过不是直接地,而是借助于一种必须加进来的直观。[①]

纯粹数学知识的实质和它同其他一切先天知识相区 34
分的特点,在于绝不是通过概念得出来的,而永远只是通过构造概念得出来的(见《批判》,第 713 页[②])。数学在命题里必须超出概念达到与这个概念相对应的直观所包含的东西,因此,数学命题都是综合的,永远不能、也不应

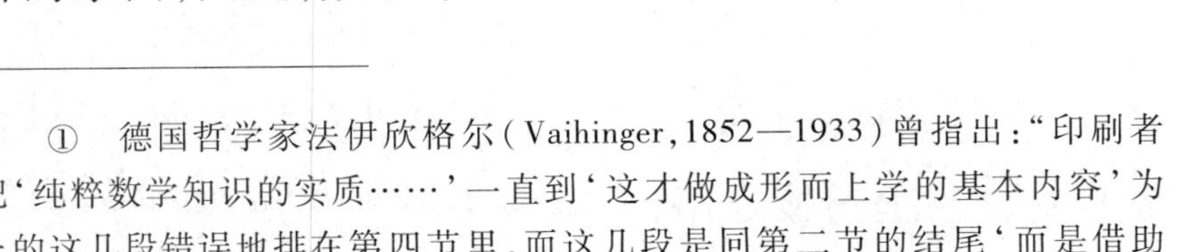

① 德国哲学家法伊欣格尔(Vaihinger,1852—1933)曾指出:“印刷者把‘纯粹数学知识的实质……’一直到‘这才做成形而上学的基本内容’为止的这几段错误地排在第四节里,而这几段是同第二节的结尾‘而是借助于一种必须加进来的直观’在逻辑上是紧密相接的。”这个意见是正确的。德文施密特版就是根据法伊欣格尔的意见把这五段提到这里。——译者

② 《纯粹理性批判》德文第二版,第 741 页,二、先验方法论,第一章,第一节。“数学知识是从概念的构造得出来的理性知识。构造一个概念,意即先天地提供出与概念相对应的直观来。”——译者

该通过概念的解析（也就是，通过分析）来得到。

我不能不指出：忽视了这种很自然的、看起来是微不足道的意见，这给哲学带来了什么样的危害。休谟感到，
35 作为一个哲学家的本分，应该把目光放在全部纯粹的先天知识的领域上，人类理智就是在这个领域里要求这样巨大的产业的；这时，但恰恰这时他却毫不在意地从这块国土上割下全部而且是最重要的一个省份——纯粹数学，因为他想：数学的性质，姑且说数学的宪法，是以完全不同的原则为根据的，即单独根据矛盾律。并且，即使他没有像我现在这样把命题正式地、普遍地区分开来，或者使用同样的名称，但是他等于说：纯粹数学只包含**分析**命题，而形而上学则包含先天综合命题。在这上面他就大错而特错了，而且对他的整个观点来说，这个错误有着决定性的不良结果。假如不是犯了这个错误，他本来可以把他关于我们的综合判断的来源问题远远扩展到他的形而上学因果性概念以外去，甚至扩展到数学的先天可能性上，因为他一定会把数学也看做是综合判断。那样一来，他就绝不能把他的形而上学命题仅仅以经验为根据，免得把纯粹数学公理也归之于经验，而像他这样的高明
36 的人是不会这样做的。同形而上学结伴，会使数学不致冒受虐待的风险，因为对形而上学的打击也一定会落到数学身上，而这并不是，也不可能是他的意图。这样一来，这位高明人就必然会考虑我们目前所考虑的，而他的

不可模拟的漂亮文笔,会使这些考虑得到无穷收益。

3.[①] **真正的形而上学判断**全都是综合判断。必须把**属于形而上学的**判断同真正的**形而上学**判断区分开来。很多属于形而上学的判断是分析判断,这些判断对形而上学判断来说只是一些工具,而形而上学判断才是这门科学的唯一目的,它们永远是综合判断。因为,如果概念是属于形而上学的,比如“实体”这一概念,那么单单从分析这些概念而做出来的判断也必然是属于形而上学的,比如“实体仅仅是做为主体而存在的东西”,等等;我们通过几个这样的分析判断来探讨概念的定义。但是,分析形而上学所包含的纯粹理智概念,同分析任何别的、不属于形而上学的、甚至是经验的概念(比如:空气是一种有弹性的流体,其弹性不因任何已知的冷度而消失),在方法上是一样的。由此可见,是不是真正形而上学的 37
东西,决定于概念,而不决定于分析判断;因为这门科学在产生先天知识上是有某种特殊的东西,这个特点使之能同其他理性知识区分开来。这样,“在事物中的一切实体都是常住不变的”这一命题就是一个综合的、真正的形而上学命题。

如果人们把构成形而上学的材料和工具的先天概

① 德文施密特版和卡勒斯(P. Carus)的英译本、巴克斯(E. B. Bax)的英译本里没有“3.”,但是德文舒尔茨(Schulz)版和吉布兰(Gibelin)的法文译本在这里却保留了这个“3.”。按照内容,这里应该有“3.”。——译者

念，事先按照既定的原则聚到一起，那么对这些概念的分析就有很大的价值；人们因此就可以把它当做一个特殊部分，当做一种 philosophia definitiva〔解说哲学〕来讲解，它只包含属于形而上学的一些分析命题，应该同构成形而上学本身的一切综合命题分别对待。实际上，这些分析只有在形而上学上，也就是在有关综合命题时，才有很大用处。这些综合命题应该是由原先分析了的那些概念产生的。

总结本节：形而上学只管先天综合命题，而且只有先天综合命题才是形而上学的目的。为此，形而上学固然需要对它的概念，从而对分析判断，进行多次的分析，但是所用的方法和在其他任何一个知识种类里所用的方法
38 没有什么不同，即只求通过分析来使概念明晰起来。不过，不单纯根据概念，同时也根据直观，来**产生**先天知识，以及最后，当然是在哲学知识上，**产生**先天综合命题，这才做成形而上学的基本内容。

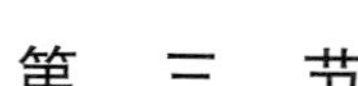

第　三　节

附释——关于分析判断和综合判断的一般区分

对于批判人类理智来说，这一区分是必不可少的，因

而在这方面值得被称做是典范的，虽然我不知道它会在 31
别的方面有什么大用处。而且我就是在这里看出了为什么教条主义哲学家们（他们一向在形而上学本身里，而不是在它以外，一般是在纯粹理性的法则里，寻找形而上学判断的源泉）忽视了这一显而易见的区分，以及为什么杰出的伏尔夫和他的英明的追随者包姆葛尔顿[①]能够在矛盾律里寻找充足理由律的证明，而充足理由律显然是综合的。相反，在洛克的《人类理解论》里我碰到了这种区分的迹象。因为在该书第四卷第三章第九节及其次各节，他谈到了表象在判断里各种连结与其源泉，他把其中一种放在同一或矛盾里（分析判断），把另外一种放在观念在一个主体中的并存里（综合判断），在这以后，他在第十节里承认我们对后者的（先天）知识是非常狭窄的，几乎没有什么。不过在他关于这一类知识所说的话里，准确的、可以做成规律的东西太少了，以致人们——连休谟也在内——对这一类命题不加考虑，那是毫不为奇的。因为这样一些一般的然而是确定的原理，是不容
易从别人那里学到的，那些人，他们对于这些原理连自己 32
也还仅仅是模模糊糊地意识到一点。

人们必须首先用自己的思考来达到这些原理，然后

① Christian Wolff（1679—1754），Alexander Baumgarten（1714—1762），德国莱布尼茨—伏尔夫学派的唯心主义哲学家。——译者

在别处，在他们当初确实没有遇到的地方也就遇到了它们，因为当初连著者们自己都还不知道像这样的一种想法曾经是他们的意见的根据。自己从来不做独立思考的人们，当别人在早已被说过的、虽然在一向没有人看出过的地方把这一切事情给他们指出来以后，他们却具有足够的英明去发现这些事情！

《导论》的总问题

第　四　节

形而上学究竟是可能的吗？

如果真有在科学上能站得住的形而上学[1]，如果人
们可以说：这就是形而上学，你只要拿去学就行了，它将
以一种不可拒抗、确然无疑的方式使你相信它的真理。
如果情形是这样，那么这个问题就提得多余了，因而也就
只剩下面一个问题，这问题与其说是为了论证形而上学
本身的存在性，还不如说是为了证验我们的目光是否敏
锐。这问题就是：“**形而上学是怎样可能的**，以及理性怎
33 样来着手达到它。”但是在这种情况下，人类理性的运气
并不算好。没有一本书可以像介绍一本欧几里得几何学

---

① 施密特版里把这一段也随其他五段一起放在第二节里；但是根据内容，这一段仍应留在这里。——译者

那样介绍说：这就是形而上学，你们可以在这里找到这门科学的最主要的目的，即用纯粹理性的一些原理来论证出关于至高无上的存在体和来世的知识。因为，我们固然能够指出很多确然无疑、从未被人反驳过的命题，不过这些命题都是分析命题，它们与其说是有关扩大知识的命题，还不如说是有关形而上学的材料和为建筑这门科学所用的工具的命题，而在形而上学上，扩大知识才是我们的真正目的（见第二节丙）。即使你们做出一些综合命题（比如充足理由律），然而你们从来也没有单用理性、从先天的角度上来证明这些命题，而你们本来是应该这样做的。不过人们可以容忍你们；然而尽管如此，当你们想把这些命题用在你们的主要目的上时，你们所主张的东西也总是不合适、不确定的，因为无论什么时候，这一种形而上学同那一种形而上学，不是在主张上，就是在主张的证明上，总是互相矛盾的；这样，形而上学本身就摧毁了它被持久承认的资格。不仅如此，为了实现这门科学而做的一切尝试，也无疑曾经是怀疑论这么早出现的首要原因。按照怀疑论的观点，理性对待它自身苛酷到如此程度，以致怀疑论不是从别处，而恰恰是从对理性的最重要的向往得不到满足而感到完全灰心失望这一点 34
上产生的。因为人们早在系统地向自然界发问之前就向抽象理性发问，那时理性早已在某种程度上通过普遍经

验被使用着;因为理性永远在我们眼前,而自然法则却一般是通过一种辛勤的探索才能得到的。形而上学就是如此,它像泡沫一样漂浮在表面上,一掬取出来就破灭了。但是在表面上立刻又出来一个新的泡沫。有些人一直热心掬取泡沫,而另一些人不去在深处寻找现象的原因,却自作聪明,嘲笑前一些人白费力气。

38 因此,由于对教条主义——它什么都没有告诉我们——感到了厌烦,同样由于对怀疑论——它什么都不向我们保证,甚至连自甘于无知这种坦率的态度都不敢承认——也感到了厌烦,由于受到我们需要的知识的重要性的促使,最后由于长时期的经验使我们对我们认为已经具有的、或在纯粹理性的标题下提供给我们的一切知识发生怀疑,于是我们只剩下一个批判的问题可问了,而根据这个问题的答案,我们就能规定我们未来的做法。这个问题就是:**形而上学究竟是可能的吗?**不过这个问题必须不是用对某种现有的形而上学的某些主张所持的怀疑意见来回答(因为我们还没有承认任何一种形而上学),而是从一种科学仅仅是**尚在可能中**的概念上来回答。

在《纯粹理性批判》里,我对这个问题是用综合的办法来处理的,也就是说,我在纯粹理性本身里进行了研究,并且力求在这个源泉本身里,通过一些原理来确定它

的成分和它的纯粹使用的法则。这个工作是艰巨的，它
要求一个果敢的读者用思想逐步深入到这样一个体系中 39
去，这个体系不根据任何材料，同时也不依靠任何事实，
而只根据理性本身，力求从理性原始萌芽中开展出知识
来。相反，《导论》应该是预备课，它应该与其说是阐述
一门科学本身，不如说是指出人们需要做什么事情来尽
可能地实现这门科学。因此它必须依靠人们已经知道的
东西，人们可以有信心地从那里出发，追溯到人们还不知
道的源泉，而这源泉的发现将不仅给我们解释我们已经
知道的东西，同时也将使我们看到从那里发源的许许多
多知识。因而《导论》的方法，特别是为一种未来的形而
上学做准备的那些内容，将是**分析的**。

然而幸运的是：虽然我们不能承认作为科学的形而
上学是**实有的**，但是我们有确实把握能说某些纯粹先天
综合知识是实有的、既定的，例如**纯粹数学**和**纯粹自然科
学**，因为这两种科学所包含的命题都是或者单独通过理
性而带有无可置疑的可靠性，或者一般公认是来自经验
却又独立于经验的。这样我们就至少具有某种**无可争辩
的**先天综合知识，并且不需要问它是不是可能的（因为 40
它是实有的），而只需要问**它是怎样可能的**，以便从既定
知识的可能性的原理中也能够得出其余一切知识的可能
性来。

《导论》的总问题

第　五　节

从纯粹理性得来的知识是怎样可能的？

以上我们看到了分析判断和综合判断二者之间的重大区别。分析命题的可能性容易理解，因为它完全是根据矛盾律的。后天综合命题，也就是说，那些从经验得出来的命题，它们的可能性也不需要加以特别解释，因为经验不过是知觉的不断积累(**综合**)。因此就只剩下先天综合命题了，它们的可能性必须去寻找或检查，因为这种可能性不是根据矛盾律，而是必须根据别的原理的。

41 然而我们在这里首先不需要追求这样一些命题的**可能性**，也就是说，不需要问它们是不是可能的，因为像这样的命题有很多，它们具有实在既定的、无可争辩的可靠性。并且，既然我们现在所用的方法应该是分析方法，那么我们将从这种综合的、然而是纯粹的理性知识是实有的这一点出发。不过，随后我们必须检查这种可能性的根据，问这种知识是怎样可能的，以便我们能够根据它的可能性的一些原理来确定它的使用条件，它的范围和界线。一切都拿它做为根据的这个真正的问题，如果严格准确地表示出来，就是：

先天综合命题是怎样可能的？

为了通俗起见，我在前面把这个问题表示得稍微不同一些，把它做为是对从纯粹理性得来的知识的一个提问。我很可以这样做一次，这对于我们所寻求的理解并没有害处；因为，既然在这里需要对待的只是形而上学和它的源泉问题，那么我希望人们要像前面所提起过的注意那样，千万记住：当我们在这里谈到从纯粹理性得来的知识时，我们不是指分析的知识，而是指综合的知识说的。*

形而上学站得住或站不住，从而它是否能够存在，就 42
看这个问题怎么解决。尽管有人把他们的形而上学主张说得天花乱坠，尽管他们用一批批的结论压得我们喘不过气来，只要他们不能首先对这个问题给以满意的答复，我就有权说：这一切都是徒劳无益毫无根据的哲学，都是虚假的智慧。你通过纯粹理性说话，并且以为似乎是创造了一些先天知识，你在那里边不仅是分解了已有的概念，同时也提出一些新的连结，这些连结既不根据矛盾

* 有些术语，科学初兴时就使用，随着知识不断进展，已经变成古典术语了，现在难免不够用、不恰当了；给予更合适的新意义又难免有同旧意义混淆起来的危险。分析法是跟综合法相反的。分析法和分析命题完全不同。分析法的意思仅仅是说：我们追求一个东西，把这个东西当成是既定的，由此上升到使这个东西得以成为可能的唯一条件。在这种方法里，我们经常只用综合命题。数学分析就是这样。不如把分析法叫做倒退法好些，这样它就同综合法或前进法有所区别。况且，“分析法”这一名称还指逻辑学上的一个主要部分，指同辩证法相反的真理的逻辑，而不考虑属于这种知识是分析的还是综合的。

律，而你认为又不根据任何经验，那么你是怎样达到这个
43 结果的呢？你将怎样证实这样的一些主张呢？向良知求救，让它来支持你，那是不行的，因为良知这种见证人，它的权威不过是在于人云亦云而已。

Quodcunque ostendis mihi sic, incredulus odi.

Horat.

（凡是你这样指出给我看的我都信不过，而且讨厌。

贺拉斯）

然而，对这一问题的回答，尽管它是必不可少的，却很困难；而人们之所以经过这么长时间竟没有想办法去回答这个问题，其主要原因固然在于人们甚至没有想到会有这样一个问题能够提得出来，不过还有一个次要原因，那就是：令人满意地回答这一问题，比起一本篇幅最长、一出版就保证它的著者名垂不朽的形而上学著作来，需要付出更为坚毅、更为深刻、更为艰苦的思考。同时，任何一个用心的读者，当他反复思索了这个问题的各种要求时，他一定一开始就被困难所吓倒，认为这是解决不了的，而且，假如不是实际上存在这些先天纯粹综合知识的话，就会认为先天综合知识是完全不可能的。实际上休谟所遇到的情况就是这样，虽然他远远没有体会到问题在这里所提出的以及所必须提出的普遍性，假如说问题的回答必须是对全部形而上学有决定意义的话。因
44 为，这位高明人说，在一个概念提供给我时，我怎么可能

超出这个概念,并且在这个概念上面连结上它所不包含的另外一个概念,就好像那个概念必然地属于这个概念一样?只有经验才能供给我们这样的连结(这就是他从困难中得出来的结论,而他把困难认为是不可能解决的),凡是像这样假想出来的必然性,换言之,凡是被认为先天知识的,都不过是人们长时期的习惯使然,这种习惯把某种事情认为是真的,从而把主观的必然性当成了客观的必然性。

假如我的读者们对于我在这个问题的解决上将给他们带来的困难和麻烦有所抱怨的话,那么他们可以自己来用一种比较简易的办法解决它,到那时他们也许会对于为他们而进行一种如此深刻的研究工作的人表示感激,并且对于这个问题之很容易(就其性质而言)得到解决反而表示某种程度的惊讶。而为了全面地(用数学家们给这个词的意义来说,即在任何情况下都充分)解决这个问题,并且最后,像读者们将在这里看到的那样,用分析形式把这个问题阐述出来,我还是用了不少年的工夫的。

因此一切形而上学家都要庄严地、依法地把他们的工作搁下来,一直搁到他们把“**先天综合知识是怎样可能的**?”这一问题圆满地回答出来时为止。45 因为,如果他们在纯粹理性的名义下有什么东西要提供给我们的话,他们应该呈递的信任状就是对这个问题的回答;如果他们不

具备这种信任状，他们就只好等一些受骗多次的明理人把他们赶出去，用不着另外检查他们所提供的是什么。

相反，如果他们还希望继续他们的职业，不是把它当做一种**科学**那样，而是把它当做一种健康的、适合于良知的演说**艺术**那样，按理说就不能阻止他们干这种营生。那时他们将用一种合理信念的谦虚言词说话，他们要承认他们不许超出可能的经验界线之外的任何东西，连做些**猜测**都不许，更不要说**知道**什么了。他们只有**接受**（不是为思辨之用，思辨是他们所必须放弃的，而是为实践之用）在生活中指导理智和意志的什么事情，这种事情是可能的、甚至是必不可少的。只有这样他们才能被叫做有用的、明智的人；如果他们放弃了形而上学家这一头衔，那就更好了；因为形而上学家是一些愿意从事思辨
46 哲学的人，而且，由于问题在于先天判断，那么淡而无味的似是而非之论就是不能信赖的（因为人们认为先天知道了的东西，它本身就宣告了它是必然的），因此不能容许这些人玩弄臆测；他们的主张必须是：要么是**科学**，要么就什么也不是。

可以说，必然先于一切形而上学而存在的全部先验哲学，它本身就是对于在这里提出的问题的全面解决，而这种解决是经过系统的安排和详尽的阐发的，因此至今我们还不具备先验哲学，因为挂着它的名字的东西真正说来只是形而上学的一部分，而这一科学是首先使形而

上学成为可能的，因而就一定存在于形而上学之先。因此，当一种完整的、同时又得不到其他科学的任何帮助，因而本身是崭新的科学，有必要对一个唯一问题给予一种圆满的答复时，如果这种解决带来一些麻烦和困难，尤其是某种程度的晦涩不明，那是没有什么奇怪的。

我们现在按照分析方法来解决这一问题，把像这样一些来自纯粹理性的知识是实有的这件事做为前提。这样做时，我们只能借助于理论知识（在这里只涉及理论知识）中两种科学：**纯粹数学**和**纯粹自然科学**。因为只 47
有这两种科学能在直观里给我们提供对象，从而当这两种科学里有某种先天知识时，能具体地给我们指出这种知识的真实性，或者这种知识同客体的具体符合性，也就是它的**实在性**，从那里我们就能用分析方法前进到它的可能性的根据上去。这就大大减轻了〔我们的〕工作，因为全面的考虑不仅结合事实，而且从事实出发；如果用综合方法，事实就必须完全抽象地从概念里得出来。

但是，为了从这些实有的同时也是很有根据的纯粹先天知识出发，上升到一种可能的、我们正在寻求的，即作为科学的形而上学的知识，我们的主要问题是，我们必须谈到使之发生的东西，也就是它所根据的纯粹是天然的（虽然它的真实性并不是无可置疑的）先天知识（这种知识编写出来，通常就称之为形而上学，虽然它的可能性还有待于去做批判的检查），简言之，我们必须谈到这种

科学的自然条件。这样，先验的主要问题就将分为下列四个问题来逐步给以答复：

48 1. **纯粹数学是怎样可能的？**

2. **纯粹自然科学是怎样可能的？**

3. **一般形而上学是怎样可能的？**

4. **作为科学的形而上学是怎样可能的？**

从这里也可以看出，这些问题的解决虽然主要是为了阐述《批判》一书的基本内容，然而却也有它值得注意的特点。那就是从理性本身去寻找这些已有的科学的源泉，以便通过事实本身来考察和衡量理性先天认识事物的能力。这样做，对这些科学来说，如果不是在它们的内容上，至少是在它们的正当使用上是有好处的，并且在从它们的共同来源把光明投给一个更高一级的问题上的同时，它们也提供了机会使它们自己的性质也得到更好的阐明。

先验的主要问题

第　一　编

纯粹数学是怎样可能的？

第　六　节

这是一个已经被肯定了的巨大知识部门，现在有一

个惊人的广阔天地，而将来还会有一个不可限量的发展 49
前途。它具有完全无可置疑的可靠性，也就是说，具有绝对的必然性；它不根据任何经验，因而它是理性的一种纯粹产物，此外它又完全是综合的。“那么人类理性怎么可能产生出像这样的一种完全先天的知识呢？”这种能力既然不根据，也不可能根据经验，那么难道不能假定它是根据先天的知识吗？难道不能假定这种先天的知识的根据是深深隐蔽着，然而通过其结果（如果人们努力从结果向其来源去追寻的话）就会暴露出来的吗？

第七节

但是我们看到一切数学知识都有这样的特点，即它必须首先**在直观里**提供它的概念。然而这种直观是先天的，也就是说，它不是经验的直观，而是纯粹的直观。不这样做，它就寸步难行。因此数学的判断永远是直观的判断；而哲学却要以**仅仅是从概念中**抽绎出来的**论证性的**判断为满足，因为哲学的无可置疑的学说虽然可以通过直观来说明，却永远不能从直观推论出来。观察一下数学的性质就会看出来，它的可能性的第一的、最高的条 50
件是：数学必须根据**纯粹直观**，在纯直观里它才能够具体地，然而却是先天地把它的一切概念提供出来，或者像人们所说的那样,把这些概念构造出来*。如果我们能够发现这种纯直观及其可能性,我们就会很容易解释先天综合命题在纯粹数学里是怎样可能的,从而也会很容易解释这种科学本身是怎样可能的。因为,经验的直观使我们得以毫无困难地扩大概念,我们用直观的一个对象所构造的上述这些概念,其新谓项是直观本身在经验里所综合展示的。既然经验的直观能扩大概念,那么纯直观也同样能做到这一点;不同的是:在后一种情况下,先天综合判断是可靠的,而且是毫无疑问的;而在前一种情况下,它只有后天的、经验的可靠性。因为,一个是只包含偶然经验的直观里所有的东西,而另一个却是包含纯直观里所必然有的东西;因为纯直观,作为先天直观,在一切经验或个别知觉之先就已经同概念不可分割地结合在一起了。

第　八　节

这一步走了以后,困难似乎是增加了,而不是减少了,因为问题现在是这样了:“怎样可能去先天直观什么

51 东西?”直观这种表象是直接根据对象的出现而产生的,

* 参看《纯粹理性批判》第 713 页〔德文第二版第 741 页:“数学知识是从概念的构造得出来的理性知识。构造一个概念,意即先天地提供出来与概念相对应的直观。”〕。

因此似乎不可能先天、原始地去直观，因为那样一来，直观的产生就既不会涉及以前的对象，也不会涉及当前的对象，因而也就不成其为直观。概念固然是这样的东西，即其中有些是我们完全能够先天做出来的，比如像这样的一些概念，它们仅仅一般地包含对一个对象的思维，而不需要我们同对象发生直接关系，举例来说，就像大小、原因等等概念；不过即使这些概念，为了使它们具有意义起见，也需要有某种具体的使用，也就是说，需要结合到某种直观上去；通过直观，这些概念的一个对象才提供给我们。然而，对象的直观怎样能先于对象本身而存在？

第　九　节

如果我们的直观在表象物的时候是按照物本身那样来表象的话，那么就绝对没有先天的直观，直观就永远是经验的。因为我只有当对象本身是当前，并且提供给我的时候，我才能知道它里边包含什么。当然，即使是那样也还是不能理解一个当前的东西的直观怎么会使我按照那个东西本身那样来认识它，因为它的属性是不能挪到 52
我的表象能力里边来的。不过，即使承认有这种可能性，像这样的一种直观也不能先天地，也就是说，在对象提供给我之前发生；因为，假如对象不提供给我，我的表象同对象之间的关系就没有任何根据，除非把它归之于灵感。

因此,我的直观只有按照一种方式能够先行于对象的实在并且成为先天知识,那就是**它只包含感性的形式,这种感性的形式在我的主观里先行于我被对象所感染的一切实在印象**。

由于感官对象只能按照这种感性的形式而被直观,所以我才能够先天地知道。由此可见,对于感官对象来说,仅仅涉及这种感性直观的形式的命题将是可能的、有效的;倒过来说,先天可能的直观永远只能涉及我们的感官对象。

第　十　节

这样一来,我们就只有通过感性直观的形式才能先天地直观物;不过,只能按照物所**表现**给我们(我们的感
53 官)那样,而不按照物本身那样来认识它。如果说先天综合命题是可能的,或者,这种命题实际上是存在的,如果说它们的可能性一定要去理解并且事先给以规定的话,那么上面这个前提就是绝对必要的。

这样的直观就是空间和时间,它们是纯粹数学的一切知识和判断的基础,这些知识和判断都表现成为既是无可置疑的,同时又是必然的。因为数学必须首先在直观里,而纯粹数学必须首先在纯直观里建立,也就是构造自己的一切概念。不这样(因为它不能分析地进行,也就是用分析概念的办法进行，而只能综合地进行），因为它缺少纯直观，它就寸步难行。只有纯直观才提供先天综合判断的质料。几何学是根据空间的纯直观的；算学是在时间里把单位一个又一个地加起来，用这一办法做成数的概念；特别是纯粹力学，它只有用时间的表象这一办法才能做成运动的概念。然而这两种表象都纯粹是直观，因为如果从物体的经验的直观和物体的变化（运动）中去掉一切经验的东西，即去掉属于感觉的东西，剩下来的还有空间和时间，因此空间和时间是纯直观，它们是先天地给经验的东西做基础的，所以它们永远是去不掉的。54
不过，因为它们是先天的纯直观，这就证明了它们仅仅是我们的感性的形式，这些感性的形式必须是先行于一切经验的直观，也就是先行于实在对象的知觉，而对象要符合这些感性的形式才能被先天地认识，当然仅仅是按照它们向我们表现的那种样子。

第十一节

本编所提出的问题因此已经解决了。纯粹数学，作为先天综合知识来说，它之所以是可能的，就在于它只涉及感官对象，而感官对象的经验的直观，其基础是（空间的和时间的）纯直观，即先天的直观。这种纯直观之所以可能做为基础，就在于它只是感性的纯粹形式，这种感性形式先行于对象的实在现象，在现象中首先使对象在事实上成为可能。然而这种先天直观的能力不涉及现象的质料，也就是说，不涉及在现象里构成经验的感觉，它只涉及现象的形式——空间和时间。如果有谁万一对于空间和时间不是规定自在之物的，而仅仅是规定自在之物对感性的关系的这一点有所怀疑的话，那么我希望知
55 道：他怎么能够认为有可能先天地，在还没有同物打交道之前，也就是在物呈现给我们之前，预先知道物？物的直观是怎样做成的？这里就正是空间和时间的问题。然而，如果一旦把二者仅仅当做我们的感性的形式条件，而把对象仅仅当做现象，那么问题就迎刃而解了；因为这样一来，现象的形式，即纯直观，就完全能够来自我们自己，也就是来自先天。

第 十 二 节

为了补充一点东西说明和证实，我们只要看看几何学家们的很普通而且绝对必要的做法就够了。对于两个既定的图形之全等（这一个完全能够放在那一个的位置上）的一切证明，归根到底都是说这两个图形是符合一致的；这显然不是别的，而是一个建筑在直接的直观之上的综合命题，而这个直观必须是纯粹的、先天的，否则这个命题就不能认为是毫无疑问的可靠，而只能具有经验

的可靠性。那样，就只能说是我们看到它总是那样，而且只有在我们的知觉所达到的范围以内才有效。整体的空间（它本身不再是另一个空间的界线）拥有三维，绝对不 56
能多于三维，这是根据这样的一个命题得出来的，即不能有三条以上的直线成直角地相交于一点。不过这个命题绝不能从概念上来说明，而是直接根据直观的，当然是指纯粹的、先天的直观而言，因为它的可靠性是毫无疑问的。我们可以要求把一条直线延长到无限（in indefinitum），或者把一连串的变化（比如由于运动而通过的许许多多空间）延续到无限，这就要求以空间和时间的表象为前提，而这种表象，就其本身之不受任何限制而言，是只能属于直观的，因为从概念里是永远推论不出来的。因此，数学实际上是以先天的纯直观为基础的，这些先天的纯直观使综合的、毫无疑问是有效的数学命题成为可能。因此我们的空间概念和时间概念的先验演绎也同时说明纯粹数学的可能性。假如没有这样一种演绎，假如我们不认为"可以提供给我们感官（在空间里提供给外感官，在时间里提供给内感官）的一切东西都是按照那些东西向我们表现的那样，而不是按照它们本身那样被我们直观"，纯粹数学的可能性当然也还是可以承认的，不过这种可能性绝对不能被人们理解。

第 十 三 节

有些人认为空间和时间是属于在自在之物的实在性
57 质。一时还不能摆脱这种想法的人应当把他们的聪明才
智用在下列的奇谈怪论上，并且，等到他们设法解决而解
决不了这个问题而至少暂时舍弃了成见，到那时他们就
会想到，把空间和时间归之于仅仅是我们的感性直观形
式，未始没有它的道理。

如果两个东西在各方面，即使用尽一切可能的办法
去察看（无论是从量的规定性上或是从质的规定性上）
都完全相同，那么势必在任何情况下以及任何关系中这
一个都可以代替那一个而不致引起丝毫看得出的差别
来。不错，这在几何学里的平面形上是可以应用的；不过
对于各种球面形来说，尽管它们具有一种完全的内在一
致性，却在外在关系方面表示出这一个绝对不可能代替
那一个，比如两个球面三角形分处于两个半球，以一条在
大圆上的弧线作为共同的底线，它们无论从边上或者从
角上来看都完全相等，对两个三角形之中的任何一个的
单独的和全面的描述都可以用在另一个三角形上，然而
我们却不能拿这一个放在那一个（在相反的半球里）的
58 位置上；因此在这里就有两个三角形之间的一种**内在的**
差别，这种差别是任何理智所不能说成是内在的，它只有
通过在空间里的外在关系才能表现出来。现在我再从日

常生活中举出比较普通的例子。

还有比我的手或者我的耳朵同它们在镜子里的影像更相似，在各方面更相等的吗？然而我不能把镜子里所看到的这只手放在原来的手的位置上去；因为，如果这是一只右手，那么在镜子里的就是一只左手，而在镜子里的右耳就是一只左耳，它绝不可能放在右耳的位置上去。在这种情况下，仅凭我们的理智是想不出什么内在的差别来的，然而感官却告诉我们，差别是内在的，因为，不管它们彼此多么相等、相似，左手却不能为右手的界线所包含（它们是不能相合的），而这一只手的手套也不能戴在那一只手上。那么问题怎么解决呢？这些对象绝不是这些东西按照它们本身那样的以及像纯粹理智会认识的那样的一些表象，而是一些感性直观，也就是一些现象，这些现象的可能性是建筑在某些未知的自在之物对另一个东西，即我们的感性的关系之上的。而我们的感性的外
直观的形式就是空间，而且任何空间的内部规定之所以 59
是可能的，只因为它是整体空间的外部关系所规定的，而就整体空间来说，任何空间都是整体空间的一个部分（就它对于外感官的关系而言），也就是说，部分只能通过整体才是可能的；虽然在仅仅是理智的对象——自在之物上绝不是这样，但是在现象上是这样的。因此我们对于相似、相等、然而不能相合的一些东西（比如两个彼此相反的螺旋），它们之间的差别是不能通过任何概念，

而只能通过直接见于直观的右手和左手的关系来理解。

附　释　一

纯粹数学，特别是纯粹几何学，只有在涉及感官对象的条件下才有其客观实在性。不过，关于感官对象，原则是这样：我们的感官表象绝不是自在之物的表象，而是物由之而向我们表现的样式的表象。因此几何学的命题不是纯粹由我们幻想出来的一种产物的什么规定，因而不能可靠地涉及实在的对象；而是对于空间必然有效，从而对于空间里所有的东西也都必然有效的命题。因为空间不是别的，它是一切外在现象的形式，只有在这种形式之

60 下感官对象才能提供给我们。感性（几何学就是建筑在它的形式之上的）是外在现象的可能性所依据的东西；因此外在现象只能包含几何学为它们规定的东西。

假如感官必须按照客体本身那样来表象，那么事情就完全两样了。因为那样一来，从空间的表象（几何学家拿它以及它的一切性质当做一种先天的根据）就绝对不能看出所有这些以及由这些得出来的一切结果在自然界里必须如此。人们会把几何学家的空间视为纯粹虚构，不给它以任何客观有效性，因为人们绝不理解为什么事物会必然同我们自发地并且事先给它们做的影像相一致。然而如果这一影像，或者说这一形式直观，是我们感

性的基本性质，对象就是由于感性才提供给我们，而感性并不表象自在之物本身，而只表象自在之物的现象，那么就十分容易理解，同时也不可驳辩地证明：我们的感性世界的一切外在对象必然要极其准确地同几何学的命题符合一致，因为是感性通过它的外直观的形式（空间）——几何学家所管的事就是这个——才使仅仅作为现象的这 61
些对象本身首先成为可能的。

这在哲学史上将永远是一件值得注意的现象，有一个时代，有些同时也是哲学家的数学家居然开始怀疑起来，他们当然不是怀疑他们的几何学命题（就其仅仅涉及空间来说）的正确性，而是怀疑这一概念本身和它的一切几何学规定是否对自然界客观有效，是否在自然界里能应用得上。他们担心：自然界里的一条线也许会是由一些物理学的点组成的，从而在客体里的真实的空间也许会是由单纯的部分所组成，虽然几何学家心里所想的空间绝不可能是这样组成的。他们没有看到心里想的这个空间竟使物理学的空间（即物质的广延），本身成为可能；没有看到空间绝不是自在之物本身的属性，而仅仅是我们的感官表象能力的形式；没有看到空间里的一切对象仅仅是现象，这些现象不是自在之物本身，而是我们的感性直观的表象。而且，既然像几何学家心里所想的那样的空间，恰好是先天存在于我们心里的感性直观的形式，同时又是一切外在现象（就其形式而言）的可能性

的根据,那么这些外在现象就必然地而且极其准确地同几何学家的命题符合一致,这些命题不是从任何虚构的概念,而是从一切外在现象的主观基础,即感性本身得出
62 来的。只有用这种办法,几何学家才能保证用他们的命题的毫无疑问的客观实在性顶得住浅薄的形而上学的各种无理取闹。因为那种形而上学是不追溯这些命题的概念的根源的,所以对它说来,这些命题是非常奇怪的。

附　释　二

一切作为对象而提供给我们的东西,都一定在直观里提供给我们。不过,我们的任何直观都只能通过感官而发生;理智性并不去直观,而只是去思索。根据以前所论证过的,既然感官永远而且丝毫不能使我们认识自在之物而只能认识自在之物的现象,而这些现象又仅仅是感性的表象,“那么一切物体连同它们所处的空间都必然地被视为仅仅是我们之内的表象,它们仅仅存在于我们的思维之内,不存在于其他任何地方。”这难道不是明显的唯心主义吗?

唯心主义在于主张除了能思的存在体之外没有别的东西,我们以为是在直观里所感知的其他东西都不过是在能思的存在体之内的表象,实际上在外界没有任何对象同它相对应。而相反,我说:作为我们的感官对象而存

在于我们之外的物是已有的，只是这些物本身可能是什 63
么样子，我们一点也不知道，我们只知道它们的现象，也
就是当它们作用于我们的感官时在我们之内所产生的表
象。因此无论如何，我承认在我们之外有物体存在，也就
是说，有这样的一些物存在，这些物本身可能是什么样子
我们固然完全不知道，但是由于它们的影响作用于我们
的感性而得到的表象使我们知道它们，我们把这些东西
称之为“物体”，这个名称所指的虽然仅仅是我们所不知
道的东西的现象，然而无论如何，它意味着实在的对象的
存在。能够把这个叫做唯心主义吗？恰恰与此相反。

外物的很多属性并不属于自在之物本身，而仅仅属
于自在之物的现象，这些属性在我们的表象之外没有单
独的存在性；这样说并无损于外物的实际存在性：在洛克
的时代很久以前，特别自洛克以来，一般来说，这已经是
人们早已接受和同意的事了。在这些属性里边有热度、
颜色、气味等等。那么，如果我除了这些东西以外，由于
一些重要的原因，把物体的其他一些性质，也就是人们称
之为第一性的质的东西，如广延、地位，以及总的来说，把
空间和属于空间的一切东西（不可入性或物质性、形，等
等）也放在现象之列，人们也找不出任何理由去加以否
认的；而且，既然对于那些不愿意把颜色当做客体本身的 64
属性而仅仅把它当做属于视觉作为它的变化的人，不能
称之为唯心主义者，那么同样也不能仅仅由于我认为还

要多的，**甚至凡是做成一个物体的直观的属性都**仅仅属于这个物体的现象，而把我的学说称之为唯心主义。

提供了现象的物，它的存在性并不因此就像在真正唯心主义里那样消灭了，而仅仅是说，这个物是我们通过感官所绝不能按照它本身那样来认识的。

我很想知道我的这些主张应该算什么，才免得算为一种唯心主义。我不得不毫不犹豫地说：说什么空间的表象不仅完全同我们的感性对客体的关系相一致（这是我已经说过的），而且甚至同客体完全相似：我认为这样的一种主张是没有任何意义的，正如同说红的感觉同在我之内引起这种感觉的银朱的特性相似一样。

附　释　三

65 因此，像下面那样的一个很容易预料到的不过是毫无价值的诘难，就不难予以驳斥了。这个诘难是："空间和时间的唯心性〔把空间和时间当成唯心的东西〕，这会使整个感性世界变成纯粹的假象。"他们把感性仅仅做为一种模糊的表象样式，按照这种样式，我们仍然可以认识物的本来面目，只是不能在我们的这个表象里把任何东西都做成一个清楚的意识罢了。这就首先把感性认识的性质上的全部哲学理解给破坏了。相反，我们已经证明了感性不是什么逻辑上区分为的清楚和模糊的问题，而是发生上的知识本身的来源问题,因为感性认识绝不是按照物本身那样表象物,而是仅仅按照物感染我们的感官的样子表象物,因此它提供给理智去思考的只是现象而不是物本身。在这一个必要的纠正以后,又出现这个诘难,它出自一种不可饶恕的、几乎是有意的曲解,就好像我的学说把感性世界的一切东西都变成了纯粹的假象似的。

当现象提供给我们时,我们仍然完全有自由去随便怎样判断。因为现象是根据感官的,而判断则是根据理智的。问题只在于在规定对象上是不是真实的。然而真实和梦幻之间的差别不在于对于对象的表象的性质如 66
何,因为在两种情况下,这些表象都一样,而差别是在于表象如何连结,即如何按照在客体的概念里规定各表象的连贯性的规则来连结,并且看它们能不能在经验中并存。假如我们的认识把假象当成了真实,也就是说,假如直观(客体就是由直观提供给我们的)被当成了对象的概念,或者也当成了对象存在性的概念(这是只能由理智去思维的),那么这个责任也绝不应该由现象来负。感官把行星的运行给我们表象为有时前进,有时后退,在这上面并没有什么假和真的问题,因为只要把这仅仅看做是一个现象,那么对行星的运行的客观情况就还一点也没有加以判断。不过,假如理智不留心防止把主观的表象样式当做客观的表象样式,错误的判断就很容易产

生，那么人们就说它们似乎是后退。然而假象不能算在感官的账上，而应该算在理智的账上，因为根据现象来下一个客观的判断的是理智。

这样一来，即使我们丝毫没有考虑到我们的表象的根源如何，当我们把我们的感性直观（不论它们包含什么）在空间和时间里按照一切知识在经验中的一些连贯
67 规则连结起来时，假象或真象就能够随着我们的疏忽大意或小心谨慎而产生；这完全在于感官的表象在理智中的使用如何，而不在于感官的表象的根源如何。同样，如果我把感官的一切表象连同它们的形式，即空间和时间，都仅仅当做现象，把空间和时间仅仅当做感性的一种形式，这种形式是不存在于感性之外的客体里边的，如果我仅仅在有关可能的经验上使用这些表象，那么就一点也不会由于我把它们仅仅当做现象而引起错误或造成假象；因为它们无论如何可以在经验里按照真理的规则而正确地连贯起来。这样一来，几何学的一切命题对于空间以及对于一切感官对象都能有效，从而对于任何可能的经验都能有效，不论我把空间仅仅当做感性的形式也罢，或者当做附属于物本身上的什么东西也罢。不过，只有在第一种情况下我才能够理解**怎么**可能先天认识以上所说的涉及外直观的对象的这些命题；否则，在一切可能的经验上就会一切如旧，就如同我没有从事于脱离世俗之见一样。

但是，如果我用我的空间的概念和时间的概念来冒险超出一切可能的经验（这是不可避免的，假如我把空间和时间说成是属于自在之物本身的话，因为，尽管我的感 68
官不是那样做成的，并且不管它们对自在之物是否合适，有什么能阻止我去使它们对自在之物有效呢？），那么就可能由于一种假象引起一个严重的错误，因为那样一来，我就是把物的直观条件这种仅仅属于我的主观的、当然是对一切感官的对象有效的、因而是对一切可能的经验有效的东西，当成了普遍有效，因为我把这个条件归到自在之物本身了，而不是把它限制到经验的诸条件之内。

因此，我的空间和时间的唯心性的学说，远远没有把整个感性世界弄成为仅仅是一个假象；反之，它是保证最重要的知识之一（即数学所先天阐述的知识）得以应用于实在的对象上去以及阻止人们去把它当做仅仅是假象的唯一办法。因为，不注意这一点，就绝不可能确定是否空间和时间的直观（它们不是我们从任何经验搬过来的，而是先天存在于我们的表象之中的）不是没有对象与之相对应或者至少相对应得不够妥当的凭空的幻想，从而也不能确定是否几何学本身不是纯粹假象。但是，相反，恰恰因为感性世界的一切对象仅仅是现象，所以我 69
们才能够指出几何学对它们有不可驳辩的有效性。

其次，我的这些原理虽然使感官的表象成了现象，但是它远远没有把经验的真实性变成仅仅是假象；相反，它们是避免先验的假象的唯一办法。这种先验的假象一向欺骗形而上学并且引诱它做幼稚的努力去捕捉肥皂泡。因为现象无非是表象，而人们却把它当成了自在之物本身，这就是理性的互相冲突所提供的一切引人注意的事件的来源。理性的互相冲突（关于它，我以后将谈到）就是在这一见解上被消除了，即现象什么时候用在经验里，什么时候就产生真象；然而一旦超出经验的界线，变成了超验的，它就只能产生假象。

因此，对于通过感官而表象出来的事物，我保留了实在性，我仅仅是限制我们对这些事物的感性直观，让它（就连在空间和时间的纯直观里也一样）只表象事物的现象，永远不表象事物的本身，因此我就没有给自然界捏
70 造全面假象；而针对别人说我的学说是唯心主义，我的抗议是如此明确、清楚，假如没有那些毫无资格的评论家准备用他们的奇特的幻想来代替已经确定了的概念，从而把这些概念加以破坏和歪曲的话，那么我的这个抗议就是多余的了。那些毫无资格的评论家想故意把凡是同他们的怪僻的、虽然是通俗的想法不相合的意见都称之为古老的，从来不从哲学术语的精神上去判断，而仅仅从文字上去斤斤计较。我自己把我的这种学说命名为先验的唯心主义，但是任何人不得因此把它同笛卡尔的经验的唯心主义（虽然他的唯心主义不过是一个不可解决的问题，按照笛卡尔的意见，这个问题的不可解决，使每人都

有自由去否认物质世界的存在，因为这个问题永远得不到完满的答案），或者同贝克莱的神秘的、幻想的唯心主义（我们的批判含有真正的解毒剂来对付它以及类似的其他幻想）混为一谈。因为我的这种唯心主义并不涉及事物的存在（虽然按照通常的意义，唯心主义就在于怀疑事物的存在），因为在我的思想里我对它从来没有怀疑过，而是仅仅涉及事物的感性表象；属于感性表象的首先有空间和时间，关于空间和时间，以及从而关于一切一般**现象**，我仅仅指出了它们既不是事物（而仅仅是表象 71
样式），也不是属于自在之物本身的规定。不过“先验”这一词本来是可以防止这一误解的，因为这一词在我这里从来不是指我们的认识对物的关系说的，而仅仅是指我们的认识对**认识能力**的关系说的。然而为了使这一称号此后不再引起误解起见，我宁愿收回它，想把它叫做批判的唯心主义。但是，如果把实在的事物（而不是现象）变为仅仅是表象的真是讨厌的唯心主义的话，那么反过来，把仅仅是表象变为事物的应该叫做什么呢？我想，可以叫做**做梦的**唯心主义，以便同前者有所区别；前者可以叫做**幻想的**唯心主义；而二者都应该通过我的叫做先验的、或者最好叫做**批判的**唯心主义给避开了。

先验的主要问题

第　二　编

纯粹自然科学是怎样可能的?

第 十 四 节

自然就是物的**存在**,这是就存在这一词的意思是指按照普遍法则所规定的东西来说的。假如自然是指**自在之物本身**的存在,那么我们就永远既不能先天认识它,也
72 不能后天认识它。不能先天认识它,这是因为,应该归之于自在之物本身的东西,我们怎么能知道呢?这并不是用分解我们的概念的办法(分析命题)所能做到的,因为我要知道的不是我关于一个物的概念里所包含的东西(因为那是属于它的逻辑上的东西),而是在物的实在性里加到这个概念上去,并且使物本身在我的概念以外的存在性上得到规定的东西。我的理智以及它所唯一赖以把物的诸规定连结到它的存在上去的条件不能预先给物本身订出任何规则来。物本身并不去符合我的理智而是我的理智必须去符合物本身。因此必须是物本身预先提供给我,我才好从物本身看出这些规定来;而这样一来,物就不能被先天地认识。

后天地认识自在之物本身的性质也同样是不可能

的。因为，物的存在所遵循的**法则**，如果是应该由经验来告诉我的话，那么这些法则就是做为有关自在之物的，既然如此，它们就必然在我的经验之外应用于自在之物本身。再说，经验固然告诉我什么东西在那里存在以及它怎么样存在，但是它永远不告诉我它必然应该这样地而不是那样地存在。因此经验永远不能使我们认识自在之物本身的性质。

第 十 五 节 73

我们实际上已经有纯粹自然科学，先天地提供了自然所遵循的法则和无可置疑的命题所必备的全部必然性。

自然课入门（称为普通自然科学）是见证。自然课入门是在全部物理学（其基础是经验的原则）之前的。

自然课入门有应用到现象上去的数学，也有纯粹论证性原则（或从概念得出的），构成纯粹自然知识的哲学部分。但是也有很多不是完全纯粹的、完全独立于经验源泉的东西，如**运动**、**不可入性**（物质的经验概念的根据）、**惰性**等概念，这些概念使它不能被叫做一种完全纯粹的自然科学；此外，它只涉及外感官的对象，因而不提供在严格意义上的普通自然科学的例证，因为普通自然科学必须把一般自然归结为普遍法则，无论它是外感官的对象或者是内感官的对象(是物理学的对象也罢,心理学的对象也罢)。不过,在这种普通的物理学原理中,有些原理实际上具有我们所要求的普遍性,比如像这样
74 的命题:实体常住不变,以及一切发生的事永远按照经常不变的法则事先被一个原因所规定,等等。这些实际上都是普遍的自然法则,它们都完全是先天存在的。因此,事实上已经有了一种纯粹自然科学,而现在的问题是:它是怎样可能的?

第 十 六 节

自然这一词还有另外一个意义,这个意义规定客体;而在前面说过的意义上,它指的仅仅是一般物的存在的各种规定的合乎法则性。因此,从质料方面来说,自然就是经验之一切对象的总和。我们现在所管的仅仅是这个,因为,再说,那些永远不能成为经验的对象的物,如果我们要按其性质来认识它的话,就不能不借助于一些概念,而这些概念的意义永远不能具体地(通过任何可能经验的例证)表现出来;那样一来,关于物的性质,我们就不得不自己做出一些概念来,而这些概念的实在性,也就是说,这些概念是实际涉及对象的,还是仅仅是思想的产物,就永远不能确定了。不能成为经验的对象的东西,关于它的知识一定会是超自然的知识,像这样的知识,在

这里与我们毫不相干。我们管的是自然知识,它的实在性是能够由经验证实的,虽然它是先天可能的,并且是先 75
于一切经验而存在的。

第 十 七 节

因此,自然的**本质**,在这种比较狭窄的意义上说,就是经验的一切对象的合乎法则性,而就其是先天地被认识来说,它又是经验的一切对象的**必然的**合乎法则性。然而,上面曾指出过:假如对象不是当做可能经验的对象,而是当做自在之物,那么对象上的自然法则就永远不能先天地被认识。不过我们在这里不是谈自在之物(它的性质如何,我们不管),而是谈作为可能经验的对象的物,而这些物的总和就是我们在这里所称的自然。现在,当问题在于先天认识自然的可能性,我请问这个问题这样提出来是否更好一些:作为经验之对象的**物**,它的必然的合乎法则性怎么可能先天地被认识?或者:**经验**(一般是就它的一切对象来说),它本身的必然的合乎法则性怎么可能先天地被认识?

仔细看起来,问题不拘按照哪一种方式提出来,它的解决,就纯粹的自然认识来说(这是问题的关键),其结果是完全一样的。因为关于物的经验知识,只有按照主 76
观法则才有可能,而主观法则对于作为可能经验之对象

的物（当然不是对于作为自在之物本身的物，何况自在之物也不是我们在这里所要谈的），也是有效的。如果我说：当一个事件被知觉到的时候，它总是按照一个普遍的规则而与它由之而发生的、在它之先的什么东西有关，假如没有这一条法则，一个知觉判断就绝不能算为经验；或者我说：经验告诉我们，任何事情的发生都一定有一个原因。这两种说法是完全一样的。

不过最好还是选择第一个公式。因为，既然我们能够先天地、先于一切既定的对象而具有的，是对唯一使有关这些对象的经验成为可能的那些条件的知识，而绝不是对可以在可能的经验以外制约这些对象的那样的一些法则的知识，那么我们就只有这样才能对物的性质先天地进行研究，即我们必须探讨唯一使这样的一种知识作为经验而成为可能（仅仅就形式来说）的那些条件和普遍的（虽然是主观的）法则，并且由之而规定作为经验之对象的物的可能性。假如我选择第二种表达方式，去寻
77 找使自然作为经验的**对象**而成为可能的那些先天条件，
那么我就很容易被误解，人们会以为我是在把自然作为自在之物本身来谈，那样一来，我就会弄得走投无路，徒劳地给任什么都没有提供给我的物去寻找法则。

因此我们在这里所将对待的只是经验以及它的可能性的普遍的、先天提供的条件，并且从而我们将把自然规定为一切可能的经验的全部对象。我想，人们将理解我：

我这里找的不是为**观察**一个既定的自然之用的规则，因为这些规则已经以经验为前提了；也不是我们怎样（通过经验）能够学到自然法则，因为那样一来，这些法则就不会是先天的法则，并且不会提供纯粹自然科学；而是经验的可能性的先天条件怎么同时又是一切普遍的自然法则必须由之而产生的源泉。

第 十 八 节

首先我们必须指出，尽管一切经验判断都是经验的判断，也就是说，它们都是以感官的直接知觉为根据的，但是不能因此就反过来说，一切经验的判断都是经验判断。而是在经验的东西之外，并且一般说来，在给予感性 78
直观的东西之外，还必须加上一些特殊的概念，这些概念完全是先天的，来源于纯粹理智，而每个知觉都必须首先被包摄在这些概念之下，然后才借助于这些概念而变为经验。

经验的判断，在其有**客观有效性**时，就是**经验判断**；但是，那些**只有在主观上才有效的判断**，我仅仅把它们叫做**知觉判断**。后者不需要纯粹理智概念，而只需要在一个能思的主体里进行逻辑的知觉连结。然而前者除感性直观的表象之外，还永远要求**来源于理智的特殊概念**，就是由于这些概念，经验判断才是**客观有效的**。

我们的一切判断首先都仅仅是知觉判断，这些判断仅仅对我们——也就是对我们的主体——有效，而仅仅在这以后，我们才给它们一个新的关系，即对一个客体的关系，并且愿意它们在任何时候对我们都有效，同样对任何人都有效；因为当一个判断符合一个对象时，关于这同一对象的一切判断也一定彼此互相符合，这样，经验判断的客观有效性就不意味着别的，而只意味着经验判断的
79 必然的普遍有效性。反过来，如果我们找出理由把一个判断当做必然的、普遍有效的（这绝不取决于知觉，而取决于包摄知觉的纯粹理智概念），那么我们也必须把它当做客观的，也就是说，把它当做不仅表示知觉对一个主体的关系，同时也表示对象的一种性质；因为没有理由要求别人的判断一定符合我的判断，除非别人的判断同我的判断所涉及的对象是同一的，它们都同这个对象符合一致，因而它们彼此也一定符合一致。

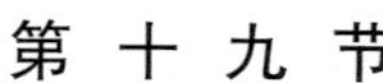

第 十 九 节

因此，客观有效性和（对任何人的）必然的普遍有效性这两个概念是可以互相换用的概念，而且虽然我们不知道自在的客体是什么样子，但是，如果我们把一个判断当做普遍有效的并且同时当做必然的，那么我们就懂得了客观有效性。由于这一判断，我们就通过既定的诸知

觉得普遍有效的、必然的连结而认识了客体(虽然这个客体本身一直是不知道的);而且,既然一切感官对象都是如此,那么经验判断不是从对于对象的直接认识中(因为这是不可能的),而仅仅是从经验的判断的普遍有 80
效性这一条件中取得它的客观有效性的,这种普遍有效性,像前面所说过的那样,绝不根据经验的条件,甚至一般说来,也绝不根据感性这一条件,而是根据一个纯粹理智概念。自在的客体永远是不知道的;但是,客体既然给我们的感性提供表象,当这些表象的连结被理智概念规定成为普遍有效时,它就通过这个关系而被规定成为对象,而且判断就是客观的了。

屋子暖,糖甜,黄连苦*,都是只有主观有效性的判断。我绝不希望我自己在任何时候或任何别人都将要像我现在这样觉得它们。这些判断仅仅表示同一主体(我自己)的、并且仅仅是在我此时的知觉情态中的两个感觉之间的一种关系。因此对客体无效;我把这些判断称之为知觉判断。经验判断和这个情况完全不同。经验在 81

---

* 我要坦率承认,有一些知觉判断是即使加上一个理智概念也绝不能成为经验判断的。这里的例子并不代表这样的知觉判断,因为它们仅仅涉及感觉,而大家都知道感觉仅仅是主观的东西,不能把它归之于客体,因而绝不能成为客观的东西。我不过是希望在这里提供这样的一个判断做为例证,即这个判断仅仅在主观上有效,没有任何根据含有必然的普遍有效性,从而也没有任何根据含有对客体的关系。知觉判断加上理智概念就变为经验判断的例证,见下面的注解。

某些情况下告诉我的东西，也必须在任何时候告诉我和任何别人；它的有效性不局限于主体，也不局限于主体的当时情态。因此我把像这样的一切判断都说成是客观有效的，比如我说空气是有弹性的，这个判断首先只是一个知觉判断，我不过是把我的感官里的两个感觉互相连结起来。如果我想把它称之为经验判断，那么我就要求这种连结受一个条件制约，这个条件使它普遍有效。因此我要求我在任何时候，以及任何别人，在同样的情况下，必须把同样的知觉必然地连结起来。

第二十节

因此我们必须把一般经验拿来分析一下，看看感官和理智的这个产物包含的是什么，以及经验判断本身是怎样可能的。经验的基础就是我所意识到的直观，也就是知觉，知觉仅仅属于感官。不过，其次还要加上判断（纯属理智）。这种判断有两种情况：第一，我光是把几个知觉拿来比较，并且在我的意识的一个特殊情态里把它们连结起来；或者，第二，在一个一般的意识里把它们
82 连结起来。第一种判断仅仅是一个知觉判断，只有主观有效性，仅仅是在我的心理情态中的知觉的连结，并不涉及对象。因此，像人们通常所想象的那样，把知觉拿来比

较,并且用判断把它们在一个意识里连结起来,这对经验来说是不够的,从那里得不出来判断的普遍有效性和必然性;而只有普遍有效性和必然性才能使判断[1]客观地有效并且成为经验。

在知觉能够变为经验之先,还需要有一种完全不同的判断。已经提供出来的直观必须被包摄在一个概念之下,这个概念规定有关直观的一般判断的形式,把直观的经验的意识连结在一个一般意识里,从而使经验的判断得到普遍有效性。像这样的概念是一种先天的纯粹理智概念,它的职责仅在于给一个直观规定出它能够供判断之用的一般方式。就以因果性这样的一个概念来说,它在一般判断上规定包摄在它下面的直观,例如空气的直观;这就是说,空气的概念对于扩散性,是做为在一个假言判断里的前件对后件的关系用的。因而因果性概念是一个纯粹理智概念,和一切可能的知觉都完全不同,它在 83
一般判断上只作为规定包摄在它下面的表象之用,从而使一个普遍有效的判断成为可能。

因此,在一个知觉判断能够变为经验判断之前,首先要求知觉被包摄在这样的一个理智概念之下:比如,空气包摄在因果性概念之下,这个概念把关于空气对于扩散

① 贝克英译本为“意识”,但注:“或‘判断’”。

性的判断规定为假言判断*。这样,扩散性在我的一个情态中或更多的情态中,或在别人的情态中,表现为不是单纯地属于我的空气的知觉,而是必然地属于我的空气的知觉或别人的空气的知觉;而“空气是有弹性的”这一判断之变为普遍有效的判断,并且从而首先变为一个经验判断,这是由于某些先在的判断把对空气的直观包摄
84 在因与果的概念之下,并且从而规定这些知觉,不仅在它们的相互关系上在我的主体里给以规定,而且在一般判断(这里是假言判断)的形式上给以规定,这样一来,就使经验的判断普遍有效。

通常人们认为,综合判断仅仅是通过比较而被连结在判断里的一些单纯的直观做成的。如果把我们的一切综合判断,仅就其客观有效而言,都加以分析,我们就会看出绝不然。从直观抽象出来的一些概念,要再加上一个包摄这些概念的纯粹理智概念,只有这样连结为客观有效的判断,这些综合判断才是可能的。即使纯粹的数学判断,它的最简单的公理也不能不受这一条件的制约。“直线是两点之间最短的线”这个原理的前提是线包摄

* 为了更容易明了起见,我举下列的例子:“太阳晒石头,石头热了。”这仅仅是一个知觉判断,它并没含有必然性,尽管我和别人曾经多次地知觉过这个现象;这些知觉仅仅是通常这样结合起来的。但是,如果我说:“太阳晒热了石头。”那么在知觉上就加进去了因果性这一理智概念,这一理智概念就必然地把“热”的概念连结到“太阳晒”的概念上去,而综合判断就变为必然普遍有效的,从而是客观的,并因此知觉就变成了经验。

于量概念下。量当然不是单纯的直观，它的位置只在理智里，量概念供理智从判断的量方面，即复多性(judicia plurativa 复称判断*)规定(线的)直观，以便做出判断。因为，不言而喻，在判断中，一个既定的直观里是含有许 85
多同质的东西的。

第二十一节 (甲)

经验的可能性既然建筑在先天的纯粹理智概念上，那么为了说明这种可能性，我们就必须首先把一般属于判断的东西以及在这些判断中理智的各种环节，用一个完全的图表表现出来，因为纯粹理智概念将会同这些环节恰好相似。这是由于，这些纯粹理智概念不过是本身由这一个或那一个判断环节所规定的，从而是必然的，普遍有效的一般直观的概念。因此，一切经验的可能性的先天原则也将会恰好被规定为一种客观有效的经验知识。因为这些原则不过是把全部知觉(按照直观的某些普通条件)包摄在上面所说的纯粹理智概念下的一些命

---

* 我认为把逻辑上叫做特称判断的东西用这个名称来叫，似乎更好一些。因为特称含有非全称之意。然而当我从单一性(在单称判断里)出发向总体性前进时，我还不能给总体性带进来任何关系，我想到的仅仅是没有总体性的复多性，而不是除此之外别的什么东西。这一点是很必要的，假如说逻辑环节应该作为纯粹理智概念的基础的话。大家可以在逻辑的使用上保持旧的用法。

题而已。

86 逻辑判断表

一、量	二、质
全称的	肯定的
特称的	否定的
单称的	不定的
三、关系	**四、样式**
直言的	或然的
假言的	实然的
选言的	必然的

先验理智概念表

一、量	二、质
单一性(度)	实在性
复多性(量)	否定性
总体性(全)	限定性
三、关系	**四、样式**
实体性	可能性
因果性	存在性
共存性	必然性

纯粹形而下的自然科学普遍原则表

一、直观的公理	二、知觉的预感

三、经验的类比	四、一般经验思维的公准

第二十一节（乙） 87

为了把以上所说的一切东西总括成一个概念起见，首先有必要请读者们注意：这里不是指经验的来源，而是指经验所包含的东西来说的。前者属于经验心理学，后者属于知识的批判，特别是理智的批判；然而前者没有后者就绝不能得到适当的阐发。

经验是用直观做成的，而直观属于感性；经验同时也是用判断做成的，而判断完全是理智的事。然而理智单独由感性直观做出来的那些判断还绝不是经验判断。因为，在前一种情况下，判断只是把几个知觉按照它们在感性直观里所提供的样子连结起来；在后一种情况下，判断必须说出一般经验所包含的东西，而不是光说出只有主观有效性的知觉所包含的东西。因此经验判断必须是在一个判断里，即在感性直观以及其逻辑连结（在这种连结由于比较而成为普遍的以后）上，加上什么东西才行，这个东西把综合判断规定成为必然的，也就是普遍有效的判断；这个东西不能是别的，而只能是这样的一种概念，这种概念以这样一个而不是以那样一个判断形式把直观表现成为本身规定了的，也就是说，它是诸直观的那 88
种综合统一性概念，这种综合统一性只有通过判断的一

个既定的逻辑功能才能表现出来。

第二十二节

总而言之,感官之所司是直观,理智之所司是思维。不过思维是把诸表象在一个意识里结合起来。这种结合可以是仅仅与主体有关的,这时它就是偶然的、主观的;也可以是无条件的,这时它就是必然的或者客观的。把表象结合在一个意识里就是判断。因此,去思维和去判断,或者去把表象一般地联系到判断上去,是一回事。所以判断可以仅仅是主观的,也可以是客观的。如果表象仅仅在一个主体里联系到一个意识上去,并且就在那个主体里结合起来,它就仅仅是主观的;如果表象一般地,也就是必然地,结合在一个意识里,它就是客观的。一切判断的逻辑环节就是把表象结合在意识里的各种可能的方式;然而如果这些环节也当做概念来用,那么它们就是这些表象**必然地**结合在一个意识里的概念,从而就是客观有效的判断的原则。意识的这种结合,如果由于同一性关系,就是分析的;如果由于各种不同表象的相互连结
89 和补充,就是综合的。经验就是现象(知觉)在一个意识里的综合的连结,仅就这种连结是必然的而言。因此,一切知觉必须被包摄于纯粹理智概念下,然后才用于经验判断。在这经验判断里,知觉的综合统一性是被表现为

必然的、普遍有效的。*

第二十三节

判断，在仅仅被视为提供出来的表象在意识里结合的条件时，就是规则；规则，在把这种结合表现为必然的结合时，就是先天规则；在上面再没有更高的规则可以由
之而推出时，就是原则。说到全部经验的可能性：如果仅 90
就思维的形式来说，除了把现象（按其直观的不同形式）安排在纯粹理智概念之下的那些经验判断的条件，上面再没有什么条件了，那么纯粹理智概念就是可能经验的先天原则。纯粹理智概念是使经验的判断成为客观有效的。

因此，可能经验的原则，同时也是自然界的普遍法

* 但是怎么把“经验判断必须在知觉的综合里包含必然性”这一命题同我以前多方面说过的“作为后天知识的经验只能提供偶然的判断”那一命题一致起来呢？当我说“经验告诉我什么东西”时，我所指的只是经验里的知觉，比如，热总是跟随在太阳晒石头之后，因此，经验命题到此为止永远是偶然的。至于热必然来自石头被太阳所晒，这固然是经验判断（用因果性[①]概念的办法）所包含的，不过这是经验所没有告诉我的；相反，经验之产生，首先是由于理智概念（因果性概念）加到知觉上去。至于理智概念是怎样加到知觉上去的，请参看《纯粹理性批判》关于先验判断力部分，〔德文第一版〕第 137 页起。[②]

① 德文埃德曼版和施密特版是“Ursache”（因果性），舒尔茨版是“Urteile”（判断）。——译者

② 德文第二版第 176 页起；参见商务印书馆 1960 年中文译本第 142 页起。——译者

则，这些法则是能够先天认识的。这样一来，我们所提出的第二个问题——“纯粹自然科学[1]是怎样可能的?”就解决了。因为一种科学在形式上所要求的体系，在这里就完全具备了。这是因为，除了上面所说的一般判断的全部形式条件，也就是逻辑所提供的一般规则的全部形式条件，此外再没有其他可能的条件了，这些条件就构成一个逻辑体系；而建筑在它上面的那些概念(它们包含综合的、必然的判断之全部先天条件)也恰好由之而构成一个先验的体系；最后，把一切现象都包摄在这些概念之下的诸原则，就构成一个形而下的体系，也就是一个自然界体系，这个体系先在于全部经验的自然界知识，首先使自然界知识成为可能，然后使它能够被叫做真正普遍、纯粹的自然科学。

91 ## 第二十四节*

第一个形而下原则把作为空间和时间里的直观的一

---

① 德文舒尔茨版和埃德曼版都是“纯粹自然科学”，施密特版是“纯粹理性科学”。——译者

* 以下三节如果不参看《纯粹理性批判》一书有关原则问题所说的话[2]就很难懂透；不过这三节可以有助于比较容易地把握其全面意义并注意其重点。

② 见德文第一版第130—235页，第二版第169—294页；参见商务印书馆1960年中文译本第139—208页。——译者

切现象都包摄在**量**的概念之下，因此它是数学应用到经
验上去的一项原则。第二个形而下原则虽然不是直接把
真正经验的东西，比如表示直观里实在东西的感觉，包摄
在**量**的概念之下，因为感觉并不**包含**空间或时间的直观，
尽管它把同它相对应的对象放在这两个东西里面；但是，
在实在（感觉表象）和零（在时间里的直观的完全空无）
之间，却存在着差别，这个差别具有一个量。因为在每一
度的重和绝对轻之间，空间里每一度的满和绝对空之间，
我们总是可以体会出很多更细小的度来的；同样，甚至在
意识和完全无意识（心理上的空白）之间，也永远能有更 92
微小的度。因此没有一种知觉可能证明绝对空无，例如，
没有一种心理上的空白是不能被视为意识的，它不过是
被一个比较强烈的意识压过去罢了。感觉的一切情况都
是如此。这就是为什么理智甚至能够预感感觉的缘故；
因为感觉是由经验的表象（现象）的真正的质构成的，而
感觉的预感是通过“表象（每一现象中的实在东西）都有
一个度”这一原则来实现的。这就是数学（mathesis in-
tensorum〔强度的数学〕）在自然科学上的第二种应用。

第二十五节

关于现象的关系方面，仅就现象的存在来说，这种关系的规定并不是数学的，而是力学的；而且，如果不根据

首先使关于现象的经验知识成为可能的那些先天原则，这种规定就绝不能[1]是客观有效的，从而对于经验就永远不能合适。因此，现象必须或者是包摄在实体性概念（它是把存在完全规定为物本身的一个概念的根据）之下；或者是，在现象与现象之间发生一种时间连续（即一个事件）时，包摄在因果性概念之下；或者是，在应当客观地，也就是通过一个经验判断，来认识〔两个现象〕同时存在时，包摄在共存性（交互性）概念之下。这样，在经验把诸对象连结成为在自然界之中的存在时，先天原
93 则就是客观有效的（虽然是经验上的）判断的根据，也就是经验的可能性的根据。

最后，关于彼此一致和互相连结的认识是属于经验判断的。这种一致和连结，不仅是诸现象在经验中的一致和连结，更重要的是现象对一般经验的关系上的一致和连结，而这种关系或者是现象同理智所知的形式条件之间的一致关系，或者是现象同感官的和知觉的材料之间的连贯关系，或者是把这两种关系合成一个概念，因而按照普遍的自然界法则，包括可能性、现实性和必然性。这样就形成了形而下的方法学说（真理与假说之间的区别，以及假说的可靠性的界线）。

---

① 德文埃德曼版和舒尔茨版是“kann niemals”（绝不能），施密特版是“niemals”（绝不）。——译者

第二十六节

第三个原则表是按照批判的方法从理智本身的性质得出来的。这个表有一种它本身特有的完满性,这种完满性使它比按照教条主义的方法从事物本身出发徒劳地试制过的、甚至将来还可能试制的任何表,要好得多;因为这个表把所有的先天综合原则,都根据一个原则全部表现出来了。这个原则就是:理智的一般判断能力构成经验的本质。因此可以肯定,像这样的原则再也不会有 94
了。这样的一种满意,是教条主义的方法永远不可能给的。虽然如此,但是这还远远不是这个表的最大好处。

对于指出这一先天知识的可能性同时并把所有这样的原则限制在一个永远不能忽视的条件之下的论据,我们必须加以注意;否则这些原则就会被误解,就会在使用上超出理智给它的原来意义。这个条件就是:只是由于一般可能经验受先天法则的制约,这些原则才含有一般可能经验的各种条件。就是因为这个道理我才不说自在之物本身含有量,不说它的实在性里含有度,不说它的存在性里含有各种偶性在一个实体里的连结,等等,因为这是没有人能够证明的,由于像这样的一种单纯用概念做成的综合连结,它一方面和任何感性直观没有关系,另一方面缺少在可能的经验里的感性直观的任何连结,所以这种连结是绝对不可能的。因此,这些原则里的概念的

根本限制是：所有的物都受上述必然的、先天的条件制约，仅仅**作为经验的对象**。

因而，第二点，这些原则就有了一个特殊的证明方
95 式：这些原则不是直接关于现象以及现象与现象之间的关系的，而是直接关于经验的可能性的（现象做成的只是经验的质料，而不是经验的形式），也就是说，是关于客观普遍有效的综合命题的，而经验判断之区别于单纯的知觉判断，就在于这些命题上。这是因为，作为**占据一部分空间和时间**的单纯直观的现象，是在量概念之下的，量概念根据先天规则把杂乱无章的多种现象综合地结合起来；而且，既然知觉除直观之外也包含感觉，而在感觉与零（即感觉之完全消失）之间，永远存在一个逐渐减少的过程，所以现象中的实在东西必然有度，因为感觉本身**并不占有丝毫空间或时间**。* 不过，从空的时间或空的

* 热、光等等在一个小空间里和一个大空间里，在度上是一样大的。同样，内部表象，比如疼痛、一般意识，无论它们延续得长久或短暂，在度上是不减小的。因此在这里，〔空间的〕一点和〔时间的〕一刹那，和无论多么大的空间和多么大的时间，在量上是一样大的。所以度就是量①，不过不是在直观里，而是从单纯的感觉来说，或者是按照一个直观的度的②量〔大小〕来说，而且度只能由于从 1 到 0 的关系，也就是，只能由于每一个感觉都能够通过无穷的中介的度一直达到消失，或者是在一个确定的时间内能够从零经过无穷的刹那增加的一直达到一定的感觉，才被看做是量。（Quantitas qualitatis est gradus.〔质的量就是度。〕）

① 德文埃德曼版、舒尔茨版和施密特版是“Grøsser”（增大），黎尔（A. Riehl，1844—1925，德国哲学家）的意见是“Grøssen”（量）。英文卡勒斯译本是“能够增大”，巴克斯译本是“量”；法文译本是“增大”。——译者

空间达到感觉这一过程，只有在时间里才有可能，因而， 96
作为经验直观的质的感觉，虽然永远不能先天地在它同其他感觉的特殊差别上认出来，却能在一个可能的一般经验中像知觉的量一样，从强度上同其他每一个感觉分别出来；因此数学应用在自然界上，从感性直观方面来说，就首先成为可能，并且被规定出来，因为自然界就是通过感性直观提供给我们的。

然而读者必须特别注意在经验的类比这一名称下所提供的原则的证明方式。因为这些原则不像数学应用在一般自然科学上的原则那样是关于直观的出生的，而是关于诸直观的存在在经验中的连结的，这种连结只能是在时间里按照必然界的法则对于存在（Existenz）的规定，它只有在必然法则之下才是客观有效的，从而成为经验。因此，关于综合统一性证明所针对的不是诸自在之**物**的连结，而是诸**知觉**的连结，而且这也不是从知觉的内容上说的，而是从知觉的规定上，从知觉按照普遍法则在时间
里的存在关系上说的。所以，假如说经验上的规定是在 97
相对的时间里的规定的话，那么普遍法则就应该包含存在的规定的必然性在一般时间里（即根据理智的一个先

② 德文埃德曼版、舒尔茨版和施密特版是“Grundes”（根据的），罗生克兰茨版是“Grades”（度的）。英文卡勒斯译本是“度的”，巴克斯译本是“基础的”，法文吉勃兰译本是“基础的”。——译者

天规则)的规定,这种规定是客观有效的,从而成为经验。

在《导论》里我不能讲得太多,我谨奉告读者们,他们由于长期习惯于把经验仅仅当做经验上的知觉的积累,决想不到经验远远超过知觉。比如经验给经验上的判断以普遍有效性,这就说明经验一定具有先天存在于经验之先的纯粹的理智统一性。我谨奉告读者们千万要注意经验同单纯是知觉的积累之间的区别,而且要从这一角度上来判断证明的方式。

第二十七节

这里正是从基础上消除休谟的怀疑的地方。休谟说得很有道理:我们对因果关系的可能性,也就是说,对一个物的存在与必须通过它而成立的另外一个什么物的存在之间的关系的可能性,是绝不能通过理性来理解的。我补充说:我们对依存关系的概念,也就是几个物的存在建筑在一个主体之上,而这个主体本身不能再是任何别的物的属性的这种必然性,也同样不理解;不但如此,对这样的一种东西的可能性,我们甚至毫无概念(虽然对
98 它在经验中的使用上,我们是能够举出一些例子来的);
而且在物的共存关系上,这种不可理解性也同样存在,因为我们看不出怎么能从这一个物的情状得出在它以外、和它完全不同的另一个物的情状来;反过来也是这样,而

且,许多各自有其单独的个别的存在性的物体怎么能彼此必然地互相依赖。虽然如此,我绝不是把这些概念认为仅仅是从经验中得出来的,绝不是把在这些概念里所表现的必然性当做虚构,当做是从长期习惯得来的纯粹假象;相反,我已经充分地指出来过,这些概念以及由之而生的原则都是先天的,即在一切经验之先建立起来的,它们具有无可置疑的客观准确性,但是,当然只就经验而言。

第二十八节

因此,虽然我对自在之物的这样一种连结——即自在之物作为实体而存在,或者是作为原因而起作用,或者是能够作为一个实在的整体的部分同别的实体处于共存关系中——没有丝毫概念,虽然我对作为现象的现象之中类似的一些性质也同样不能设想(因为那些概念并不包含现象中的东西,而只包含理智必须想到的东西),不
过在我们的理智里,而且当然是在一般判断里,我们对于 99
这种表象的连结有一个概念,即这些表象以主体对属性的关系出现在一类判断里,以前因对后果的关系出现在另一类判断里,而在第三类判断里,又以部分对共同构成一个可能的总体知识的身份而出现。再说,我们先天地认识到:如果不把一个客体的表象看做是为这一个或那一个环节所规定,我们关于对象就不能有任何有效的知

识；如果我们所管的是自在的对象，那么就没有任何可能的标志使我们能够知道它是否为上述的这一个或那一个环节所规定，也就是不知道它是否为实体性、因果性或者（在同别的实体的关系上的）共存性等概念所制约，因为我对这样一种存在的连结的可能性，没有任何概念。但是问题并不在于知道自在之物是怎样被规定的，而是，就一般判断的上述环节来说，在于知道物的经验知识是怎样被规定的，也就是作为经验的对象的物怎样能够而且应该被包摄在这些理智概念之下。因此十分清楚，我不仅对于一切现象都包摄在这些概念之下（也就是把这些概念用作经验的可能性的原则）的可能性，甚至必然性，我都完全看得出来。

100 ## 第二十九节

我们把休谟的成问题的概念（他的 crux metaphysicorum〔形而上学的难关〕）也就是因果性概念，拿来做一个实验，首先我从逻辑上先天地有了一个一般的条件判断的形式，即一个既定的知识[1]用作前件，另一个既定的知识用作后件。但是也可能是这样：在知觉里有一个表示

① 埃德曼版和施密特版是“Erkenntnis”（知识），舒尔茨版是“Urteil”（判断）。——译者

关系的规则，这个规则是：在某一个现象之后经常跟随着另一个现象（虽然不能倒转）；在这种情况下我就使用假言判断，并且我打个比喻说：如果一个物体被太阳晒了足够长的时间，它就热了。在这里固然还没有一种带有必然性的连结，从而也没有因果性概念。

不过我再进一步说，上述这个仅仅是知觉的一个主观连结的命题如果是一个经验命题，它就必须被视为必然的、普遍有效的命题。但是像这样的一个命题应该是：太阳通过光而是热的原因。上述的经验的规则从此就被视为一条法则，这条法则不是单纯对现象有效，而且也为了一种可能的经验的目的而对现象有效，这种可能的经验要求一些普遍的，也就是必然有效的规则。因此，我把因果性概念理解为必然属于经验的单纯形式的概念，而
把它的可能性理解为知觉在一般意识中的一种综合的结 101
合。但是对于作为原因的一个一般物的可能性，我还不理解，因为因果性概念所指的绝不是属于物的条件，而是属于经验的条件，也就是说，它只能是对现象和它的时间连续的客观有效的认识，由于按照假言判断的规则，前件是能够结合到后件上去的。

第 三 十 节

因此，纯粹理智概念一旦离开了经验的对象而涉及

自在之物(本体)时,就毫无意义。纯粹理智概念只是用来(打个比喻说)好像字母一样,把现象拼写出来以便把它作为经验来读。从理智概念对感性世界的关系上得出来的原则只供我们的理智在经验上使用;一旦超出经验,这些原则就成为毫无客观实在性的任意结合,我们就既不能先天认识它们的可能性,也不能通过任何例证来证实它们同对象的关系,或者仅仅使这种关系可以理解,因为一切例证都只能是从某种可能的经验中搬过来的,因而这些概念的对象除了在一种可能的经验之中,在其他任何地方都找不到。

102 休谟的问题的全面解决虽然同他自己的预料相反,然而却给纯粹理智概念恢复了它们应有的先天来源,给普遍的自然法则恢复了它们作为理智的法则应有的有效性,只是限制它们用在经验之中而已;因为它们的可能性仅仅建筑在理智对经验的关系上,但这并不是说它们来自经验,倒是说经验来自它们。这种完全颠倒的连结方式,是休谟从来没有想到过的。

因此,从以上所有这些探讨中得出这样的结论:"一切先天综合原则都不过是可能经验的原则",它们永远不能是关于自在之物的原则,而只能是关于作为经验的对象的现象的原则。因此纯粹数学,和纯粹自然科学一样,绝不能涉及现象以外的任何东西,而只能是或者表现使一般经验成为可能的东西,或者表现那种从这些原则得出来的,必须能够在任何时候被表现在某种可能的经验之中的东西。

第三十一节

这样,我们终于有了某种确定的东西使我们能够在一切形而上学尝试上有所依据。形而上学各种尝试都是 103
相当大胆的,然而一向是盲目的,对任何事物总是不加分别。教条主义思想家们从来没有设想过他们努力的目标本来应该规定得这样低;另外一些人也和他们一样,仗着他们的所谓良知,从一些纯粹理性的概念和原则(这些概念和原则固然是合法的、理所当然的,然而仅仅是为经验使用的)开始,居然想探索他们连其确定的界线都不知道,而且也不能知道的知识,因为他们对于像这样的一种纯粹理智的性质或者甚至它的可能性都从来没有加以思考,而且也没有能力加以思考。

有些对纯粹理性抱自然主义的看法的人(我是指认为不用任何科学就能决定形而上学的人说的)可以硬说,他们凭良知的先见之明,早就不仅猜测到了,而且甚至知道和看出了在这里煞费苦心地,或者如果他们愿意的话,学究派头十足地提出来的东西,即,"尽管用我们全部的理性,我们也不能越出经验的范围。"但是当人们一步步问到他们的理性原则时,他们就必须承认,他们的

理性原则里有不少是他们没有从经验搬过来，因而是独立于经验、先天有效的。既然这些概念和原则被认为是独立于可能的经验的，那么他们想怎样并且以什么理由
104 来限制教条主义者们和他们自己，使他们都不致把这些概念和原则应用到一切可能的经验之外去呢？即使这些良知的信徒们自己，尽管他们自以为有不费力得来的智慧，也没有把握不会在不知不觉中超出经验的对象之外而陷入幻想的领域里去的。事实上他们已经深深地陷进去了，尽管他们把他们的毫无道理的主张，用通俗的言语加以某种粉饰，把一切事物都说成是大概如此，是合理的猜测，或者是由类推而来的。

第三十二节

从哲学的远古时代，纯粹理性的探讨者就已经在构成感性世界的感性存在体或现象之外，设想出来可以构成智慧的世界的理智存在性（本体）；而且，由于他们把现象和假象等同起来（在一个尚未发达的时代里，这是很可以原谅的），他们就把实在性只给了理智存在体。

事实上，既然我们有理由把感官对象仅仅看做是现象，那么我们就也由之而承认了作为这些现象的基础的自在之物，虽然我们不知道自在之物是怎么一回事，而只
105 知道它的现象，也就是只知道我们的感官被这个不知道

的什么东西所感染的方式。理智由于承认了现象，从而也就承认了自在之物本身的存在，并且因此我们就可以说，把这样的东西表现为现象的基础，也就是说，它不过是理智存在体，这不仅是可以容许的，而且是不可避免的。

我们的批判的演绎绝不排斥像这样的东西（本体），它只是限制感性论[①]原则，使它至少不致扩大到一切东西上去（因为那样一来会把一切东西都变成仅仅是现象），而只对于可能的经验的对象有效。我们仅仅是在这种方式下承认理智存在体；不过要坚守这一条规则，绝不容有例外，即，关于这些纯粹理智存在体，我们不但丝毫不知道，而且也不能知道什么确定的东西，因为我们的纯粹理智概念，和我们的纯直观一样，只涉及可能的经验的对象，也就是说，仅仅涉及感性存在体；一旦超出这个范围，这些概念就不再有任何意义了。

第三十三节

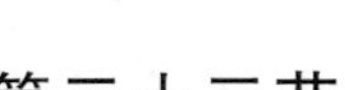

事实上，在我们的纯粹理智概念上有某种迷惑人的东西，它引诱我们去做超验的使用。我称之为超验的使

① 德文舒尔茨版和施密特版是“Ästhetik”（感性论），埃德曼版是“Analitik”（分析论）。——译者

106 用，是因为它超出一切可能的经验。不仅是我们的实体、力量、行动、实在性等概念完全独立于经验，不包含任何感官的现象，从而真好像是涉及自在之物（本体）似的。更加强了这一推测的是：它们本身还包含了一种必然的规定性，这是经验所绝对做不到的。因果性概念包含一个规则，按照这个规则，一种情况必然地跟随在另一种情况之后；而经验只能给我们指出：事物的一种情况时常，至多是通常，跟随在另一种情况之后，因而它既不能给予严格的普遍性，也不能给予必然性，等等。

因此，看来理智概念含有多得多的意义和内容，使单纯经验的使用取之不尽、用之不竭。这样，理智就不知不觉地给它自己在经验大厦之旁又建造了一个规模更大的副厦，里面装的全都是思维存在体，竟没有注意到，它用这些虽然是正当的概念，却超出了它们的使用界线。

第三十四节

因此《批判》里（〔德文第一版〕第 137 页起和第 235 页起①）有两个探讨，这是不得不做的、甚至是必不可少的、尽管是干燥无味的两个探讨。第一个探讨指出：感官

① 德文第二版第 176 页和第 288 页。参见商务印书馆 1960 年中文译本第 142 页和第 209 页。——译者

并不具体提供纯粹理智概念，只提供图式以使用这些概 107
念，而符合这种图式的对象，则只见于经验之中（理智用感性材料做的产物）。第二个探讨（《批判》第235页）指出：尽管我们的纯粹理智概念和经验的原则是独立于经验的，尤其是，尽管它们的使用范围表面上似乎是更大了，然而却不能用它们在经验的领域之外思维任何事物，因为它们除规定有关已经提供出来的直观的判断的逻辑形式以外，毫无其他用处。但是，既然在感性的领域以外没有直观，那么这些纯粹概念，由于不能通过任何具体方式来表现，因此就完全失掉了意义；所以，像这样的一切本体，连同它们的总和——智慧的*世界都不过是一个
问题的一些表现，它的自在之对象尽管是可能的，但是， 108
由于牵涉到我们的理智的性质，这个问题的解决是完全不可能的，因为我们的理智不是直观的官能，而是已经提供出来的直观在一个经验里连结的官能，因此经验必须包含我们的概念的一切对象，然而一旦超出经验，则一切概念，由于缺乏任何直观可以做为它们的根据，都将是毫无意义的。

* 不是通常所说的理智的世界，因为理智的是指通过理智得来的知识说的，这些知识同时也达到我们的感性世界；而智慧的是指只能通过理智来表现的对象说的，这些对象是我们任何一种感性直观都达不到的。但是，既然每一个对象都一定有与之相对应的某种可能的直观，那么我们就必须设想有一个直接直观物的理智；不过，我们对这样的一种理智缺乏任何概念，因而我们对它所达到的理智存在体也毫无概念。

第三十五节

假如想象力偶然做一些非非之想，不小心越过了经验的限度，那还是可以饶恕的，因为它至少是由于这样的一种自由飞跃而活泼旺盛起来；而且抑制它的大胆奔放总是比改正它的萎靡不振来得更容易些的。但是，假如应该进行**思维**的理智一旦也遐想起来，那就绝不可饶恕；因为在必要时，我们只有靠理智才能抑制想象力于界线内，使它不致想入非非。

理智在开始遐想时也是无伤的，而且非常有节制。它首先弄清自己所固有的、存在于一切经验之先而永远必须适用于经验的那些基本知识，由此入手，然后逐渐摆脱这些限制——既然它的原则是它完全自由地从它本身提出来的，那么有什么能阻止它这样做呢？——于是它
109 首先向自然界以内新发明出来的一些力量前进，然后又向自然界以外的东西前进，简言之，向这样一个世界前进，对于这个世界的建造，我们是不会缺乏材料的，因为这是丰富的想象所大量供给的，它虽然没有被经验证实，至少从来没有被经验否定过。这就是为什么一些年轻的思想家如此喜爱地地道道的教条主义方式的形而上学，并且常常把他们的时间和可以有用于别处的天才浪费在这上面的缘故。

但是，为了制止纯粹理性去做这些无益的尝试，无论

是用各种各样的办法提醒它注意在如此高深莫测的一些问题的解决上出现的困难,或者是悲叹我们的理性的限度,或者是把主张降格为推测,都是无济于事的。因为如果不把这些尝试的**不可能性**明确地指出来,如果理性对它的**自身认识**不变成真正的科学,在这种科学里,理性的正当使用范围将以一种(姑且这样说)几何学的准确性而同它的徒劳无益的使用范围分别开来,那么这些毫无结果的努力就永无息止之日。

第三十六节

自然界本身是怎样可能的?

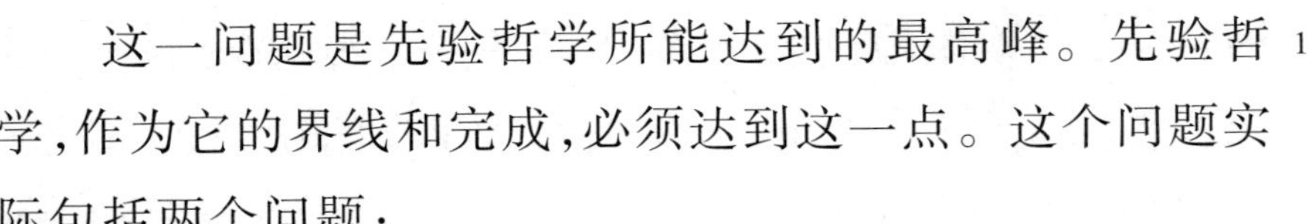

这一问题是先验哲学所能达到的最高峰。先验哲学,作为它的界线和完成,必须达到这一点。这个问题实际包括两个问题: 110

第一,自然界,在**质料**的意义上,也就是从直观上,作为现象的总和来看,是怎样可能的? 空间、时间以及充实空间和时间的东西——感觉的对象,一般是怎样可能的? 答案是:这是由于我们的感性的性质的缘故,这种性质决定了我们的感性按照它特有的方式被一些对象所感染,这些对象本身是感性所不知道的,并且跟那些现象完全不同。这个答案已见于《纯粹理性批判》一书中的“先验感性论”里,而在《导论》里已见于第一个主要问题的解决里。

第二:自然界,在**形式**的意义上,也就是作为各种规则(一切现象必须在这些规则的制约之下被思维连结在一个经验里)的总和来看,是怎样可能的?答案只能是这样的,即它之所以可能,只是由于我们的理智的性质的缘故。这种性质决定了感性的一切表象必然被联系到一个意识上去,这就首先使我们进行思维的特有方式(即通过规则来思维)成为可能,并且通过这种方式,就使经验成为可能;不过这种经验和对自在之客体本身的认识是大不相同的。这个答案已见于《批判》一书中的"先验逻辑"

111 里,而在《导论》里已见于第二个主要问题的解决过程中。

但是,我们的感性本身的这种特性,或者我们的理智的特性,以及作为理智和全部思维的必然基础的统觉[①]的特性,是怎样可能的,不能进一步得到解决和答复;因为我们永远必须用它们才能做出任何解答,才能对对象有所思维。

自然界的法则有很多是我们只有通过经验才能认识的;但是在现象(也就是一般自然界)的连结中的合乎法则性,却是我们从任何经验里都认识不到的,因为像这样的法则是经验本身用以做为它的可能性的先天根据的。

因此,一般经验的可能性同时也是自然界的普遍法

① 见第四十六节注解。——译者

则，而经验的原则，也就是自然界的法则。因为我们是把自然界仅仅当做现象的总和，也就是当做在我们心中的表象的总和，来认识的，因此它们的连结的法则，只能从我们心中的表象连结的原则中，也就是从做成一个意识的那种必然的结合的条件中得到，而这种必然的结合就构成经验的可能性。

本节所论述的主要命题，即“自然界的普遍法则是
可以先天认识的”，本身就导致下列这一命题：自然界的 112
最高立法必须是在我们心中，即在我们的理智中，而且我们必须不是通过经验，在自然界里去寻求自然界的普遍法则；而是反过来，根据自然界的普遍的合乎法则性，在存在于我们的感性和理智里的经验的可能性的条件中去寻求自然界。因为，假如不这样做，那么自然界的普遍法则既然不是分析的知识的规则，而是知识的真正综合的扩大，它们怎么可能先天被认识呢？

可能的经验的原则同自然界的可能性的法则这二者之间的这种必然的一致性，只能从下列两种原因之一得出来：即，或者这些法则是通过经验从自然界里得出来；或者相反，自然界是从一般经验的可能性的法则中得出来的，并且同仅仅是一般经验的普遍的合乎法则性是完全一样的。第一种原因是自相矛盾的，因为自然界的普遍法则能够而且必须先天（即不依靠任何经验）被认识，并且做为理智在一切经验的使用上的根据。那么就只剩

下第二种原因了。*

113 然而我们必须把经验的自然界法则同纯粹的或普遍的自然界法则区别开来。前者永远以个别知觉为前提，而后者不根据个别知觉，它们只包含个别知觉在一个经验里的必然结合条件。就后者来说，自然界和可能的经验完全是一回事；而且，既然合乎法则性在这里是建筑在现象在一个经验里的这种必然连结之上（没有必然连结，我们就绝不能认识感性世界的任何对象），从而是建筑在理智的原始法则之上的，那么如果我就后者说：理智的（先天）法则不是理智从自然界得来的，而是理智给自然界规定的，这话初看起来当然会令人奇怪，然而却是千真万确的。

第三十七节

我们用一个例子来说明这一个看来如此大胆的命题。这个例子将指出：我们在感性直观的对象里所发现

114 的法则，特别是当这些法则被认为是必然的法则时，都被

* 只有克鲁西乌斯（Crusius，1712—1775）想到一个折中的办法，即自然界的这些法则原来是由一个自己不会弄错也不会欺骗别人的神灵放进我们心里的。不过，也常常混进去一些假的原则，克鲁西乌斯的体系本身里也有不少这样的例子。因此，由于缺少可靠的标准来区分真的来源和假的来源，那么像这样的一种原则在使用上是非常危险的，因为我们永远不能确实知道真理之神灵或谎言之父会给我们灌输什么东西。

我们看做是理智放到那里去的,尽管它们同我们归之于经验的那些自然界法则完全相似。

第三十八节

当我们考察了圆形的特性,看到了这个形状把那么
多样的空间规定都集于一身,统一到一个普遍规则上去,
这时我们就不能不给这一几何学的东西加上一种性质。
例如:两条在圆内相交的直线,不拘如何画法,用这一条
直线的两个截段做成的矩形同用那一条直线的两个截段
所做成的矩形相等。现在我问:“这条法则是在圆里呢,
还是在理智里?”也就是说:圆是不依靠理智本身就含有
这条法则的根据呢,还是理智按照自己的概念(即诸半
径相等)做成了圆本身,同时又把“诸弦以几何学比例而
相交”这条法则加到圆上去的呢?如果我们把这条法则
的证明拿来加以研究,我们很快就会看出,这条法则是只
能从理智构造这一形状时所根据的条件(即诸半径相
等)中得来的。我们现在把这个概念加以推广,以便进 115
一步研究几何学形状的各种各样的特性在共同法则之下
的统一性,并且把圆作为一种圆锥曲线来看(这种圆锥
曲线当然也为制约着其他圆锥曲线的那些基本组成条件
所制约),这时我们就看到,在圆锥曲线——椭圆、抛物
线、双曲线等——内部相交的一切弦都是这样,由它们各

个截段所做成的矩形尽管不等，但彼此之间却总保持相等的比例关系。我们再推广一步，一直前进到天文物理学的基本理论上去，这时我们就看到有一条支配全部物质的自然界的物理学法则——交互引力法则；它的规律是："引力与距离的平方成反比，它从每一个引力点起随着引力扩展的球面积的增加而逐渐减少"。这条规律好像是必然地包含在物本身的性质里，并且习惯地被视为可以先天认识的。不过，尽管这条法则的来源是多么简单，即仅仅根据不同半径的诸球面积的关系，但是，从它的多种多样的协调性和它的规律性来看，它的结果是十分完美的，不仅各个天体的一切可能的轨道都是圆锥曲线的，而且从这些轨道彼此之间的关系上来看，除了"与距离的平方成反比"这一条引力规律以外，想不出有任
116 何别的引力规律能够适合于一个宇宙体系的。

因此这就是自然界，它是根据理智所先天认识的法则的，特别是根据从规定空间的原则中认识的法则的。现在我问：这些自然界法则是存在于空间里，而理智仅仅是在力求发现空间所包含的丰富意义时从那里学来的呢，还是存在于理智里，存在于理智按照综合统一性（理智概念都归总在这上面）的条件来规定空间的方式里呢？

空间是一种平淡一色的东西，而就其一切个别的性质来说，又是一种不规定的东西，因此我们是不会在那里寻找什么自然界法则的宝库的。然而，相反，把空间规定

成为圆形、圆锥形和球形的是理智，因为理智含有构造这些形状的统一性的基础。

因此，叫做“空间”的这一种仅仅是直观的普遍形式，就是可以规定个别客体的一切直观的基体，它当然具有这些直观的可能性和多样性的条件。但是客体的统一性纯粹是由理智按照它本身的性质所包含的条件规定的。由此可见，理智是自然界的普遍秩序的来源，因为它把一切现象都包含在它自己的法则之下，从而首先先天构造经验（就其形式而言），这样一来，通过经验来认识 117
的一切东西就必然受它的法则支配。因为我们不是谈既不依据我们的感性条件，也不依据我们的理智条件的那种**自在之物**本身的自然界，而是谈作为可能的经验的对象的自然界；而这样一来，理智在使经验成为可能的同时，也使感性世界成为要么绝不是经验的对象，要么就是一个自然界。

第三十九节
纯粹自然科学附录
关于范畴的体系

哲学家最希望把具体使用中零散遇到的种种概念或原则，从一个先天原则里推导出来，用这种方法把一切都归结成为知识。他从前仅仅认为，经过某种抽象而剩下

来的、似乎通过比较就能构成一个特殊种类的知识的那
118 些东西,已经搜集齐全了;但那只是一种**汇集**。现在他知道了,恰好是这么多,不多也不少就构成知识的样式;而且他看到把它们加以分类的必要性,分类就是一种全面理解。而现在,他就第一次有了一个**体系**。

从普通认识里找出一些不根据个别经验、然而却存在于一切经验认识之中的概念,而这些概念就构成经验认识的单纯的连结形式,这和从一种语言里找出一般单词的实际使用规则,把它们拿来作为一种语法的组成成分,是没有两样的,并不要求更多的思考或更大的明见(实际上这两种工作是十分相近的),虽然我们指不出来为什么每种语言偏偏具有那样的形式的结构,更指不出来为什么我们在那一种语言里不多不少恰好找出那么多形式的规定。

亚里士多德拼凑了十个像这样的纯粹基础概念,名之为范畴。* 这些范畴又叫做云谓关系;(Praedikamente);他后来又认为有必要再加上五个后云谓关系(Postpraedikamente)**而其中几个(如 prius〔先时〕,simul

---

* 1. Substantis〔实体〕;2. Qualitas〔质〕;3. Quantitas〔量〕;4. Relatio〔关系〕;5. Actio〔能动〕;6. Passio〔被动〕;7. Quando〔时〕;8. Ubi〔处〕;9. Situs〔位〕;10. Habitus〔态〕。

** 1. Oppositum〔对立〕;2. Prius〔先时〕;3. Simul〔同时〕;4. Motus〔运动〕;5. Habere〔所有〕。

〔同时〕,motus〔运动〕)已经包含在云谓关系里了。不过 119
这种拼凑只能启发后来的研究者,不能算为一种正规阐发了的思想,不值得赞扬。这就是为什么在哲学更加进步的今天,把这种拼凑视为毫无用处而予以抛弃的缘故。

我在研究人类知识的纯粹的(不含有丝毫经验的东西在内的)元素时,经过长时期深思熟虑以后,第一次成功地把感性的纯粹基础概念(空间和时间)确实可靠地从理智的纯粹基础概念区别开来并且分出来。这样,我就把第7、第8、第9范畴从表里去掉。其余的范畴对我也没有什么用处,因为在那里找不到什么原则能够用来对理智加以全面的衡量,能够把它的纯粹概念的一切功能都加以彻底、准确的规定。

然而为了找出像这样的一个原则,我曾经探讨理智的一种作用,以便把多种多样的表象归结到一般思维的统一性里来,这种作用要包含其余一切作用,并且只有通过各种各样的变化或环节才能把它分辨出来。后来我发现这种理智作用就在于判断。这样,我就能够利用逻辑学家们现成的,虽然是不无缺点的成就。由于这个帮助,我就能够做出了一个完整的纯粹理智功能表,但是它对
全部客体来说,并不起规定作用。最后我才把这些判断 120
功能联系到一般客观上去,或者不如说,联系到把判断规定为客观有效的条件上去;这样就得出了纯粹理智概念,而且我毫不怀疑就是这些,不多不少恰好这么多纯粹理

智概念，足够纯粹理智构成我们对物的全部知识。我认为还是应该按照它们的旧名称把它们叫做范畴；不过我保留权利，把全部概念都用**云谓关系**这个名称补充进去。这些概念都是从它们之间的相互连结，或者是同现象的纯粹形式（空间和时间）相连结，或者是同现象的尚未通过经验规定的质料（即一般感觉的对象）相连结等方式得出来的。因为只要建立一个先验哲学的体系，就一定要这样做，而我正是为了建立这一体系才从事于对理性本身进行批判的①。

这一个范畴体系的实质之所以有别于旧的那种毫无原则的拼凑，它之所以有资格配称为哲学，就在于纯粹理智概念的真正意义和这些概念的使用条件就是由于这一体系才得到恰如其分的规定的。因为显然，理智概念本
121 身不过是一些逻辑功能，在这种情况下，绝不是从一个自在之客体产生的概念，而是需要以感性直观做为自己的基础的。因此，它们只用来给经验的判断（从一切判断功能的角度来说，经验的判断是没有被规定的，无可无不可的）在功能上给以规定，从而给这些判断以普遍有效性，并且由之而使这些判断有可能成为一般**经验判断**。

像这样的一种明见，它一方面深入到范畴的性质，同

① 卡勒斯英译本（第 87 页）、贝克英译本（第 71 页）作《纯粹理性批判》。

时又把范畴的使用完全限定在经验以内，这是无论范畴的首创者，或者他的任何追随者，所未曾有过的。然而，如果没有这种明见（它恰好是以范畴的引申或演绎为依据的），这些范畴就成了毫无用处的蹩脚的名单了，在它们的使用上既没有说明，也没有规则。假如古人们也有这种看法，那么毫无疑问，在形而上学的名义之下耗费了多少世纪不少有识之士的精力的纯粹理性知识研究，今天到我们手里就会完全是另外一个样子了，它就会使人类的理智明朗起来，而不是像实际看到的那样，把这种理智完全耗费在模糊不清、徒劳无益的饶舌里，使它不适合于真正的科学。

这个范畴体系把关于纯粹理性本身的每一个对象的
一切研究都加以系统化，给每一个形而上学思考在它必 122
须怎样并且根据什么研究要点而前进上，为了全面起见，提供一个可靠的指南或者指导线索；因为这个范畴体系把理智的一切可能的环节都包罗在内，而其他一切概念都分属在这些环节之下。“原则表”就是这样做成的，它的完整性也只有通过范畴体系才能得到保证。即使超出理智在形而下的使用以外的那些概念的分类上（《批判》〔德文第一版〕第 344 页、第 415 页[①]），这个指导线索，由

① 德文第二版第 402 页，第 443 页《纯粹理性的错误推论》和《纯粹理性的相互对立》两章中的表，参见商务印书馆 1960 年中文译本第 270 页和第 324 页。——译者

于它永远要由人类理智中先天规定了的那些固定不移的要点所指引,也仍然形成了一个紧密的圆圈。这就使我们丝毫不能怀疑,一个纯粹理智的或者纯粹理性的概念的对象,就它们必须从哲学意义上并且按照先天原则加以衡量来说,是能够用这种办法完全认识的。因此我不能不在本体论上的一个最抽象的分类上,也就是在有和无的概念的各种分别上,使用了这个指导线索,并且从而制定了(《批判》〔德文第一版〕第 292 页[①])一个有规律

123 的、有必然性的表。*

这一个体系也和建筑在一个普遍原则上的其他任何

① 德文第二版第 348 页,《反思概念的双关性》章中的表,参见商务印书馆 1960 年中文译本第 241 页。——译者

* 关于“范畴表”可以有很多有意思的意见;比如:(1)第三个是由第一个和第二个结合而成的一个概念;(2)在量的范畴和质的范畴里,只有一种从“一”到“全”,或从“有”到“无”的过渡(为此目的,质的范畴应该这样来摆:实在性、限定性、完全否定性),没有相依性或者对立性;相反,在关系的范畴里和样式的范畴里却有相依性和对立性;(3)在逻辑里直言判断是其他各种判断的基础,同样,实体性的范畴也是一切实在事物的概念的基础;(4)样式在判断里不是一种特殊的属性,同样,样式概念也不给事物增加任何规定;等等。像这样的一些意见是很有用处的。假如我们从任何一种好的本体论(例如包姆葛尔顿的本体论)里,把能够找出来的差不多全部云谓关系都一一列举出来,并且把它们分门别类地放在各个范畴之下(在这样做的时候千万不要忘记对所有这些概念都加以尽可能全面的分析),那么就将产生出来形而上学的一个纯粹分析的部分。这一部分可以列在第二部分(综合部分)之前,不包含任何一个综合命题;而且,由于它的准确性和完整性,它不仅是有用的,而且,由于它的系统性,它还包含着某种程度上的美。

真正体系一样,表现出它的无比优越的价值,即它排除了可能混入纯粹理智概念里来的一切异类概念,并且给每一种认识规定了它应有的位置。而我根据范畴的指导线索已经在**反思概念**的名称之下安排到一个表里的那些概念,在本体论里既未经许可,也没有合法的权利,就混进了纯粹理智概念的行列,虽然纯粹理智概念是连结的概念,因而是客观的概念,而反思概念仅仅是既定概念的比较概念,因而是具有完全不同的性质和使用的概念。通过我的合法的分类(《批判》〔德文第一版〕第 260 页[①]), 124
这两种概念的这种混淆就排除了。然而,这个特别的范畴表,等到我们把它同先验理性概念表分别开来的时候(我们不久就将这样做),它的价值就会更加明显。理性理念同理智概念在性质和来源上完全不同(因此在形式上也必须完全不同),把它们分别开来是完全必要的。然而在任何一种形而上学体系里却从来没有这样做过,因为理性理念和理智概念混在一起,这就和一家里的兄弟姐妹一样,分不清楚;再说这种混淆在过去也是不可避免的,因为那时还没有一种特殊的范畴体系。

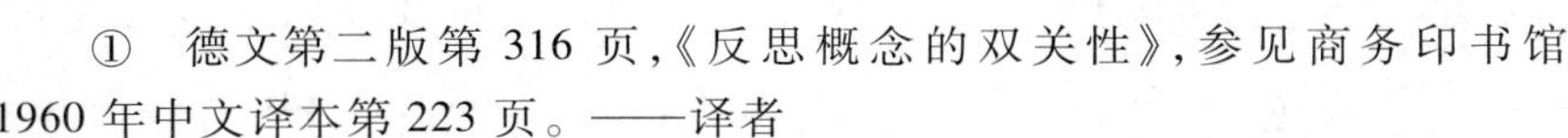

① 德文第二版第 316 页,《反思概念的双关性》,参见商务印书馆 1960 年中文译本第 223 页。——译者

先验的主要问题

第　三　编

一般形而上学是怎样可能的?

第　四　十　节

纯粹数学和纯粹自然科学,如果**为它们的自身的妥善性和可靠性**,本来用不着像我们至今所做的这样去对二者加以演绎的;因为前者所根据的是它本身的自明性,而后者虽然出自理智的纯粹源泉,却根据经验和经验的普遍证验;它不能完全拒绝和缺少这种证验的保证,因

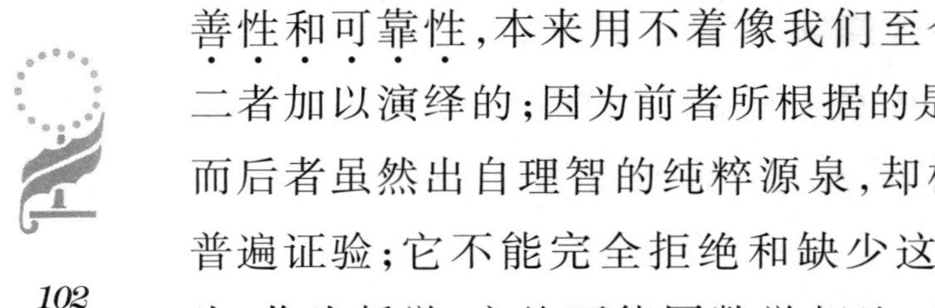

125 为,作为哲学,它绝不能同数学相比,尽管它有它全部的可靠性。因此,对这两种科学之需要进行研究,不是为了它们自身,而是为了另外一种科学——形而上学。

形而上学除了对待那些永远应用在经验之内的自然界概念以外,还要对待纯粹理性概念。纯粹理性概念永远不能在任何可能经验里提供,因而其客观实在性(即它们之不是纯粹虚构的)和〔形而上学〕论断的真伪都不能通过任何经验来证明或揭露。而这一部分形而上学又恰恰是构成形而上学基本目的的部分,其余部分都不过是手段。这样,对这一种科学,**为了它自身的目的**,就需要进行这样的一种演绎。因此我们现在提出来的第三个问

题可以说是关于形而上学的实质和特点的问题，即关于理性运用到它自身上去的问题，关于所谓对客体的认识的问题，这种认识是理性从它自己的一些概念里直接蕴育出来的，不需要经验来过问，尤其是不能通过经验来达到。*

这个问题不解决，理性本身就永远得不到满足。把 126
纯粹理智限制到经验使用上去，这并不是理性本身固有的全部目的。每一个个别经验不过是经验领域的全部范围的一部分；而全部可能经验的绝对的整体本身并不是一个经验，不过这个问题却是理性必然要管的一个问题；仅仅为了表现这个问题，就要求一些和纯粹理智概念完全不同的概念。纯粹理智概念的使用仅仅是内在的，即关于经验的，仅就经验之能够被提供出来说的；而理性概念是关于完整性的，即关于全部可能经验之集合的统一性的，这样一来，它就超出了任何既定的经验而变成了超验的。

因此，理智需要一些为了经验之用的范畴，同样，理性在它本身里也含有理念的根据。理念，我是指其对象不能在任何经验中表明出来的那些必然的概念来说的。

* 做成一种科学的一些问题已经由于人的理性的性质而向每人提了出来，而且人们难免一直在这方面做了许多尽管是失败了的探讨，这时对于这样的一种科学，在它被做出来以后，如果我们能够说，至少大家都认为，它是实在的，那么同样我们也必须说形而上学在主观上（而且必然地）是实在的；这样我们就有理由要问它（在客观上）是怎样可能的。

和范畴之包含在理智的性质中一样，理念也包含在理性的性质中，而且，如果说范畴带有一种容易使人迷惑的假象的话，那么在理念里，这种假象是不可避免的，尽管完全有可能使人不致受它迷惑。

127 既然任何假象都在于把判断的主观根据当成是客观根据，那么纯粹理性的自身认识在它的超验的（越境的）使用上，将是唯一的预防办法，这种预防办法使理性在它的使用目的上不致陷入这种差错，即把仅仅有关它自己的主体，并且指导它自己的主体做一切内在的使用的东西，超验地弄到自在的客体上去。

第四十一节

把**理念**（即纯粹理性概念）同范畴（即纯粹理智概念）区别开来做为在种类上、来源上和使用上完全不同的知识，这对于建立一种应该包括所有这些先天知识的体系的科学来说是十分重要的。没有这种区别，形而上学就完全不可能，或者充其量只能说是拼凑，跟既不认识所使用的材料，也不知道这些材料适合做什么，就拼凑空中楼阁一样，不过是一种不合规格的、拙劣的打算而已。如果说《纯粹理性批判》不过是第一次地指明了这种区别的话，那么正是这一点，它在形而上学领域里，在澄清我们的概念和指导我们的研究上，已经做了许多的贡献。

过去,为了答复纯粹理性的超验问题而不知白费了多少 128
气力,毫无结果。历来的一切努力从未料到我们是处在与理智完全不同的领域,因而都把理智概念和理性概念混为一谈,就好像它们都是一类东西似的。

第四十二节

一切纯粹的理智认识都有这样的特点,即它们的概念都在经验里提供的,它们的原则都是通过经验来证实的。相反,超验的理性认识,它们的理念并不从经验里提供,它们的命题从来既不能通过经验来证实,也不能通过经验来否定。因此可能混进来的错误只能由纯粹理性本身去发现,但也十分困难,因为就连理性本身都由于它的理念而自然地成为辩证的,而且这种不可避免的假象,不能由对事物的客观的、教条式的探讨[①],而只能由理性本身(它是理念的源泉)对事物的主观的探讨[②],才能对它加以限制。

第四十三节

我在《批判》里的最大目的绝不仅仅在于能够把几种

① 即把事物看成是"自在之物"。——译者

② 即把事物看成是"现象"。——译者

知识小心地区别开来,同时也在于从它们共同源泉里把所属各种的概念推演出来。这样,我就不仅[①]可以知道
129 了它们的来源,以便妥善地规定它们的使用,而且也可以有预想不到的、然而是不可估价的便利,使我得以先天,也就是从原则上,去认识我对概念的列举、归类和区分。不这样做,形而上学就只能是零零碎碎的东西,人们永远不知道所掌握的东西是否已经够了,或者还缺不缺点什么,什么地方缺。我们固然只有在纯粹哲学里才能有这种便利,不过,这种便利是构成纯粹哲学的实质的东西。

既然我在一切理智判断的四种逻辑功能里找到了范畴的来源,因此十分自然,我也在三种推理功能里去找理念的来源。因为,像这样的一些理性概念(先验的理念)既然是既定的,那么,如果不是把它们视为天赋的话,它们就只能存在于理性的活动里,不能存在于其他任何地方。理性活动,如果仅就其形式来说,是构成推理的逻辑元素的;但是,如果就其把理智判断表现为被这样的或那样的一种先天的形式所规定的来说,它就构成纯粹理性的先验概念。

推理的形式上的区别,必然使推理分为直言推理、假
130 言推理和选言推理。因此,这些推理所根据的理性概念

① 德文埃德曼版、舒尔茨版和施密特版是“nicht allein”(不仅),格里洛的《康德先生著作校勘记》中是“nicht alle”(不完全)。——译者

就有:第一,完整的主体理念(实体性的东西);第二,完整的条件系列理念;第三,一切概念在可能的东西的一个完整的总和的理念中之规定①*。第一种理念是心理学的②理念,第二种是宇宙学的理念,第三种是神学的理念;而且由于三者都产生辩证法,尽管各自按其不同的样式,因此全部纯粹理性辩证法就由之而分为纯粹理性的错误推论、纯粹理性的互相冲突③和纯粹理性的设想④。这样一来,就使我们完全放心,纯粹理性的一切要求已经完全表现在这里了,而且一个都不缺少,因为作为这些要求的全部来源的理性能力本身已经由此全面探察到了。

① 在《纯粹理性批判》里是这样说的:"全部先验理念可以分为三类:第一类包含思维主体之绝对的(无条件的)统一;第二类包含现象的诸条件系列之绝对的统一;第三类包含一般思维的全部对象的条件之绝对的统一。"(德文第一版第334页,第二版第391页;参见商务印书馆1960年中译本第264—265页。)——译者

* 在选言判断里,我们把全部可能性都看做是按照某一个别概念来分的。把一般物加以全部规定(把一切可能的、互相矛盾的属性加给任何一个物)的本体论原理,它同时也是一切选言判断的原理,是以全部可能性的总和为基础的,在这个总和里,每个一般物的可能性都被看做是已经规定了的。这就差不多可以解释上述的命题:即在选言推理中的理性活动,在形式上和做成全部实在性的一个总和(它里面包含一切互相矛盾的属性的肯定的东西)的理念的那种理性活动是一个东西。

② 德文埃德曼版和舒尔茨版是"psychologisch"(心理学的),施密特版是"physiologisch"(生理学的,形而下的)。——译者

③ 异译:"二律背反"、"二律背驰"。——译者

④ 异译:"理想"。——译者

第四十四节

131 在上面的一般观察中,值得注意的还有:和范畴不同,理性理念对我们的理智在经验上的使用毫无用处,我们在这方面甚至可以完全抛开它不管。不仅如此,理性理念同关于自然界的理性知识的公理相矛盾。然而尽管如此,我们对另外的一个有待于规定的方面却是必要的。灵魂究竟是不是一个单一的实体,这在解释灵魂的现象上,对我们来说是无关紧要的,因为我们不能通过任何可能经验使一个单一的存在体的概念成为可感觉的,从而成为具体可理解的。因此,如果想要深入考察现象的原因,那么这个概念是非常空洞的,绝不能拿它作为原则来说明内经验或外经验提供我们的东西。同样,关于世界的有始或世界永恒(a parte ante)的宇宙学的理念,在说明世界本身的任何一个事件上,对我们也没有什么用处。最后,自然哲学的一个正确的公理告诉我们,自然界的安排是出于一个至上存在体的意志的,我们对这种安排必须避免加以任何解释;因为,如果加以解释,那就不是自然哲学,而是宣告自然哲学的破产。因此理念的使用和范畴的使用完全不同。范畴和建筑在范畴之上的原则是使经验本身首先成为可能的东西。虽然如此,我们给理
132 智所做的十分辛苦的分析,如果其目的只在于能够在经验之内提供出自然界知识来,那么这种分析就完全是多

余的了;因为理性在数学和自然科学上的工作做得非常妥善、非常好,用不着这种琐细的演绎。因此,我们对理智的批判同纯粹理性的理念结合起来,其目的是为了超出理智在经验上的使用;不过,我们前面曾经说过,在这方面,这是完全不可能的,它既没有对象,也没有意义。虽然如此,属于理性的性质的东西一定要和属于理智的性质的东西一致起来,前者必须有助于使后者完满起来,而不能反而干扰后者。

这个问题的解决如下:纯粹理性在它的理念里并没有存在于经验范围以外的特殊对象,它所要求的只是理智使用在经验的总和里的完整性。但是这种完整性只能是原则的完整性,不能是直观和对象的完整性。虽然如此,为了把前者确定地表现出来,理性把它设想成为对一个客体的认识,这个认识,就那些规则来说,是完整地规定了,然而这个客体不过是一个理念,仅用以使理智认识得以尽可能接近那个理念所指的完整性而已。

第四十五节 133

纯粹理性的辩证法序言

我们在上面第三十三节和第三十四节里已经指出:范畴从一切感性规定的混杂中超脱出来的纯洁性可以引导理性把范畴的使用超出一切经验之外,扩展到自在之物上去；这些范畴找不到能够给它们具体提供意义的直观，因此它们，作为单纯的逻辑功能，虽然可以表象一个一般的物，但本身不能给任何物提供什么确定的概念。这样的一些夸大了的客体，人们就称之为**本体**，或纯粹理智存在体（称之为思维存在体比较好）。例如被设想为在时间里**没有常住性**的**实体**或者被设想为**在时间里**不起作用的**原因**，等等，人们给它们加上一些属性，用来仅仅使经验的合乎法则性成为可能，同时却从它们身上去掉了唯一使经验成为可能的一切直观条件。这样一来，这些概念又重新失掉了全部意义。

然而我们并不怕理智不经外来法则的驱使而自动地
134 任意越过它的界线跑到纯粹思维存在体的领域里去。不过，理性不能完全满足于理智规则的任何经验使用（因为经验使用永远受制约），因此，当理性要求完结这种条件连锁时，理智就被推出它的领域，以便一方面把经验的对象表现在一个如此广大以致任何经验都捉摸不到的系列里，另一方面（为了完结这个系列起见），理性甚至完全在这个系列之外寻找它可以把连锁加于其上的**本体**，并且一经最后摆脱了经验条件，理性就终于功德圆满了。这些就是先验的理念，虽然按照我们理性的自然规定的真正的、然而是隐蔽的目的来说，这些先验的理念不是为了过分夸大概念，而仅仅是为了无止境地扩大这些概念的经验使用；但是它们通过一种不可避免的假象，却诱使理智去做**超验的**使用,这种超验的使用虽然带有欺骗的性质,但是下决心把它限制在经验的界线之内是办不到的,只有通过科学的训练才能使它勉强地留在限度以内。

一、心理学的理念

(《批判》〔德文第一版〕第341页起①)

第四十六节

大家很久以来就注意到,在一切物体上,真正的主体,即当一切偶性(作为属性)都被抽掉以后所剩下来的 135
东西,也就是**实体性的东西**本身,对我们来说是不知道的,而且关于我们智慧的有限,曾经有过各种各样的感伤。然而,在这里最好指出,如果人类理智对事物的实体性的东西不能认识,即不能从它本身上加以规定,而是希望把它这个仅仅是理念的东西当做一个规定了的对象那样去认识的话,那也不应该对它加以指责。纯粹理性要求我们给一个事物的每一个属性寻找属于它的主体,而这个主体本身也必然仅仅是一个属性,然后再给它寻找它的主体,这样进行到无穷(或者能进行到哪里就进行到哪里)。但是,这样一来,其结果是:我们所能达到的

① 德文第二版第399页起,参见商务印书馆1960年中文译本第242页起。——译者

任何东西都不应该被视为最终的主体，而实体性的东西本身永远不能被我们的理智所思维，不管深入到什么程度，即使把全部自然界都给它揭露无遗也不行。因为我们的理智的特性在于论证地，即通过概念，也就是单纯通过属性，来思考一切；而这些属性必然永远缺少绝对的主体。因此，我们在认识物体时所通过的一切实在的特性，都不过是一些偶性，就连不可入性都是这样，我们只能把不可入性表象为一种力量的结果，而力量的主体，对我们来说是付诸阙如的。

136 现在，在我们对我们自己的意识（能思的主体）里似乎是有这种实体性的东西，当然是在一种直接的直观里；因为内感官的一切属性都涉及**自我**作为主体，而且我不能把我自己想成是任何别的主体的属性。因此在这里，在既定的概念作为属性，对一个主体的关系中的完整性似乎是已经在经验里提供出来了。这个主体不仅仅是一个理念，而且是一个对象，即**绝对的主体**本身。然而这种希望是白费的。因为自我绝不是一个概念*，它仅仅是

---

* 假如统觉①的表象（自我）是任何东西必须由之而被思维的一个概念，那么它就能够被用做别的东西的一个属性，或者本身能够包含这样的属性。然而它不过是对一种存在的感觉，没有一点点概念，并且仅仅是一切思维与之发生关系（relatione occidentis）的那种东西的表象。

① “统觉”是把表象联系到“自我”上去的行动。“纯粹统觉”，就是“自我意识”或“我思”。在《批判》里是这样解释的：“自我意识在产生‘我思’表象时，本身不能再由其他表象伴随，这种自我意识就是纯粹统觉。

内感官的对象的标记，因为我们没有任何属性用来进一
步认识它，所以它本身当然不能是任何别的东西的属性；
不过它也并不是一个绝对主体的一个确定概念，而是，如
同在别的情况下一样，仅仅是内部现象对它的不知道的
主体的关系而已。同时，这个理念（它对于彻底摧毁有
关我们的灵魂的内部现象的一切唯物主义的解释，是很
可以用做一种制约原则的）经过一种完全自然的误解而
产生了一种非常不像样的论证，这种论证从我们的能思 137
的存在体的实体性的东西这一假想的认识中，推论出这
个实体性的东西的性质，这样一来，对于这个实体性的东
西的认识就完全落在经验总和之外去了。

第四十七节

人们虽然可以把这个能思的自我（灵魂）称为实体，当做思维的最终主体，本身不能再被表现为另一东西的属性，但是，只要不能证明能思的自我有常住性，那么能思的自我就仍然非常空洞、毫无意义。因为，常住性是使实体概念在经验中丰富多彩的东西。

但是常住性绝不能由一个当作自在之物的实体概念

‘我思’表象是一种必须能够伴随其他一切表象，而在全部意识中又是一个、同一的表象。”（德文第二版第 132 页，参见商务印书馆 1960 年中文译本第 101 页。）——译者

中，而只有在经验中，才能得到证明。这一点在“经验的类比第一”里已经充分指出过了（见《批判》第182页[①]），谁如果不相信这个证明，谁就可以自己试试，看他是否能从主体（本身不作为别的东西的属性而存在）概念里证明得出主体的存在是彻头彻尾常住的，以及它既不能由它本身，也不能由任何自然界的原因而发生或消
138 灭。这样的先天综合命题，从它们本身里永远得不到证明；证明只有当它们关系到可能经验的对象时才能得到。

第四十八节

因此，如果我们打算从作为实体的灵魂概念推论出它的常住性，这只有在可能经验中才是有效的。在把灵魂当作自在之物而超出一切可能经验时就无效。然而我们的一切可能经验的主观条件是生活，因此我们只能在生活中推论灵魂的常住性；因为人的死亡是全部经验的终结，这就关系到作为经验的一个对象的灵魂问题，除非证明灵魂不是经验的对象。而问题恰恰就在这里。因此，灵魂的常住性只能在人活着的时候得到证明（这个证明是人们不需要我们去做的），而不是在死后（而这正

① 德文第二版第224页，参见商务印书馆1960年中文译本第169页。——译者

是我们希望得到证明的)；当然，从一般的道理来说，实体概念既然必须被看做是必然与常住性概念相结合的，那么它只有根据可能经验的原则，也就是只有在可能经验中，才能成立。*

第四十九节 139

在我们之外，同我们的外知觉相对应(不仅相对应，而且必须相对应)的，有某种实在的东西，这也同样地只是在经验中才能得到证明，而永远不是从①自在之物的

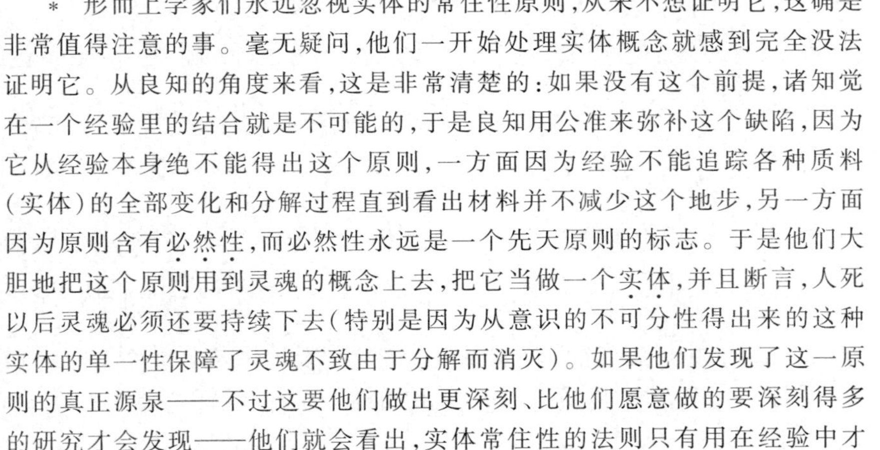

* 形而上学家们永远忽视实体的常住性原则，从来不想证明它，这确是非常值得注意的事。毫无疑问，他们一开始处理实体概念就感到完全没法证明它。从良知的角度来看，这是非常清楚的：如果没有这个前提，诸知觉在一个经验里的结合就是不可能的，于是良知用公准来弥补这个缺陷，因为它从经验本身绝不能得出这个原则，一方面因为经验不能追踪各种质料(实体)的全部变化和分解过程直到看出材料并不减少这个地步，另一方面因为原则含有必然性，而必然性永远是一个先天原则的标志。于是他们大胆地把这个原则用到灵魂的概念上去，把它当做一个实体，并且断言，人死以后灵魂必须还要持续下去(特别是因为从意识的不可分性得出来的这种实体的单一性保障了灵魂不致由于分解而消灭)。如果他们发现了这一原则的真正源泉——不过这要他们做出更深刻、比他们愿意做的要深刻得多的研究才会发现——他们就会看出，实体常住性的法则只有用在经验中才能站得住脚，因此对于事物来说，只有当事物在经验中被认识和被连结到别的事物上时才有效；它们一旦独立于一切可能经验，就绝不能有效。死后的灵魂就是这样。

① 德文施密特版是“als”(作为)，埃德曼版和舒尔茨版是“aus der”(从)。——译者

连结上得到证明。这就是说,我们完全可以证明有某种东西经验地(亦即作为空间里的现象)存在于我们之外;因为除了属于一种可能经验的那些对象以外,我们不管其他对象,这些对象不能在任何经验中提供给我们,从而对我们毫无意义。经验地存在于我之外的东西就是在空
140 间里被直观的东西。而且,既然空间和它所包含的一切现象都属于表象,而表象按照经验法则的连结证明了表象的客观真实性,和内感官的现象的连结证明了我的灵魂(作为内感官的一个对象)的实在性一样,那么由外经验,我意识到作为空间里的外在现象的物体的实在性也和我由内经验意识到我的灵魂在时间里的存在一样,而我只能通过现象(内在情态就是由它做成的)把我的灵魂认识成为内感官的对象。至于灵魂的自在的本质(这是这些现象的基础),那对我来说是不知道的。因此笛卡尔的唯心主义只是把外经验同做梦区别开来,把前者的作为真实性的标准的合乎法则性同后者的无规律性和假象区别开来。无论是在前者里或是在后者里,笛卡尔的唯心主义都是把空间和时间设定为对象存在的条件,并且仅仅问是否我们在醒着的时候放在空间里的外感官的对象实际上是在空间里,就如同内感官的对象(灵魂)实际上是在时间里那样,亦即是否经验带有把自己同想象区别开来的可靠标准。这个怀疑是容易消除的,在日常生活中我们经常用这样的办法来消除这个怀疑,即把

两方面的现象的连结都拿来按照经验的普遍法则加以检 141
查，如果外物的表象完全符合经验的普遍法则，我们就不能对外物一定做出一个符合真实的经验这一事实有所怀疑。质料唯心主义是很容易驳斥的，因为现象之为现象，仅仅在于它们的连结是在经验里的连结；而且物体存在于我们之外（在空间里）这一经验就和我们自己按照内感官的表象而存在（在时间里）是同样确实的。因为，“**在我们之外**”这一概念只意味着在空间里的存在。但是在“**我存在**”[①]这一命题里的“**我**”并不仅仅意味着（在时间里的）内直观的对象，同时也意味着意识的主体，正如同物体不仅仅意味着（在空间的）外直观，同时也意味着作为这一现象的基础的**自在**之物一样。这样一来，对于作为外感官的现象的物体是否**在我的思维之外**存在这一问题，就可以毫不犹疑地在自然界中给以否定的答复；在我自己**作为内感官的现象**（按经验心理学来说，就是灵魂）是否在时间里存在于我的表象力之外这一问题上也是一样，因为同样也必须给以否定的答复。这样一来，任何东西，在归结到它的真实意义上去时，就都决定了，而且明确了。形式唯心主义（我也把它叫做先验的唯心主义）实际上粉碎了质料的、或笛卡尔的唯心主义。因为，如果空间不过是我的感性的一种形式，那么它，作为

① 指笛卡尔“我思故我在”说的。——译者

在我里边的表象，也同我自己一样实在，因而问题就只剩下在空间里边的现象的经验的真实性了。然而，如果情
142 况不是这样，假如说空间和在它里边的现象是存在于我们之外的什么东西，那么离开我们的知觉，经验的一切标准就绝不能证明在我们之外的这些对象的实在性。

二、宇宙学的理念

（《批判》〔德文第一版〕第 405 页起①）

第 五 十 节

纯粹理性在它的超验的使用上的这一产物是纯粹理性最引人注意的现象。在一切现象中，这一现象最有力地把哲学从它的教条主义的迷梦中唤醒过来，并且促使它去从事于一种艰难的事业：对理性本身进行批判。

我把这一理念称之为宇宙学的理念，因为它的对象永远只能是取自感性世界的，而且它所使用的只能是以一种感性的东西为对象的一些概念，因而，由于它是内在的而非超验的，到此为止它还不是一个理念；相反，把灵魂想成是一个单一的实体，这就等于说把一个对象（单

---

① 德文第二版第 432 页起，参见商务印书馆 1960 年中文译本第 318 页起。——译者

一的东西）想成是完全不能由感官来表象的东西。不
过，宇宙学的理念把被制约者和制约者之间的连结（这 143
种连结可以是数学的，也可以是力学的）扩大到经验永
远追不上的程度，因此在这一点上它永远是一个理念，这
个理念的对象永远不能在任何经验里相应地表现出来。

第五十一节

首先，在这里所指出的一个范畴体系的用处如此清楚、不可驳辩，以致单是这一个证据，即使不是更多，就能充分证明它在纯粹理性的体系中是不可缺少的。这样的超验的理念只有四个，同范畴的类别一样多，然而在每个理念里都完全涉及制约者对一个既定的被制约者系列的绝对完整性。跟这些宇宙学的理念一样，也有四种纯粹理性的辩证论断，这四种论断既然是辩证的，因此按照同样的纯粹理性的似是而非的原则，在每一种上都有一个矛盾的原则与之相对立；这种对立是任何一种形而上学的技术，不管多么精巧，都无法阻止的，但是它却迫使哲学家一直追溯到纯粹理性本身的第一源泉。这种互相冲突不是任意捏造的，它是建筑在人类理性的本性上的，因而是不可避免的，是永远不能终止的。它包含下列四个正题和反题：

144 （一）

正　　题

世界在时间和空间上**有始**（有限）。

反　　题

世界在时间和空间上**无限**。

（二）

正　　题

世界上的一切都是由**单一的东西**构成的。

反　　题

没有单一的东西；一切都是**复合的**。

（三）

正　　题

世界上有出于**自由**的原因。

反　　题

没有自由；一切都是**自然**。

（四）

正　　题

在世界因的系列里有某种**必然的存在体**。

反　　题

里边没有必然的东西；在这个系列里，一切都是**偶然的**。①

① 在《纯粹理性批判》里是这样提的，而且在正、反两题后都有详细的证明：

“先验理念的第一个对立

第五十二节(甲)

这里是人类理性的最奇特的现象,在理性的其他任何使用里都找不出这种现象的例子。假如我们像一般所

正　　题

世界在时间上有一个开始,就空间而言,也受界线的包围。

反　　题

世界没有开始,没有空间的界线;世界无论是就时间而言或者是就空间而言,都是无限的。”

“先验理念的第二个对立

正　　题

世界上任何一个复合的物体都是由单一的诸部分构成的;除了单一的东西或由单一的东西组成的东西的而外,绝不存在别的什么。

反　　题

世界上没有由单一的诸部分构成的复合的东西;世界上绝不存在单一的东西。”

“先验理念的第三个对立

正　　题

按照自然界法则的因果性不是世界的诸现象所能全部由之而得出来的唯一因果性。有必要假设也有另外一种出于自由的因果性,以解释这些现象。

反　　题

没有自由;世界上的一切都纯粹是按照自然界法则发生的。”

“先验理念的第四个对立

正　　题

有一个绝对必然的存在体,它属于世界,作为它的一部分,或者作为它的原因。

反　　题

绝不存在一个绝对必然的存在体,无论是在世界之内,或者是在世界之外作为它的原因。”(德文第二版第 454—489 页)——译者

145 做的那样，把感性世界的现象想成是自在之物，假如我们把感性世界的现象的连结原则视为自在之物的普遍有效原则，而不是简单地把它视为经验的普遍有效原则（通常就是这样，尤其是如果没有我们的批判，那就更是不可避免的），那么就出现一种想象不到的矛盾，这种矛盾绝不是用普通教条主义的办法所能消除的；因为无论正题或反题都能够通过同样明显、清楚和不可拒抗的论证而得到证明——我保证所有这些论证都是正确的。因此理性本身一分为二了，这种情况使怀疑论者大为高兴，然而却一定会引起批判的哲学家的深思并且感到不安。

第五十二节（乙）

人们在形而上学里可以犯各种各样的错误而不必担心错误被发觉。问题只在于不自相矛盾；而不自相矛盾，这在综合命题里，即使在完全虚构的综合命题里，是完全有可能的。在所有这些情况下，我们所连结的概念都不过是一些理念，这些理念（就其全部内容而言）绝不能在经验里提供，因而就绝不能通过经验来反驳。因为，世界是永恒存在的也罢，或者是有始的也罢，物质是可以无限分割的也罢，或者是由单一的部分组成的也罢，我们怎么可以从经验中得出来呢？像这样的一些概念都是任何即
146 使是把可能性推到最大限度上去的经验都不能提供的。

因此命题上的错误，无论是在肯定上的错误或者是在否定上的错误，都不能通过这块试金石去发现。

当理性一方面根据一个普遍所承认的原则得出一个论断，另一方面又根据另外一个也是普遍所承认的原则，以最准确的推理得出一个恰好相反的论断，只有在这样的情况下，理性才迫不得已泄露了自己的隐蔽的辩证法，而这种辩证法是被当作教条主义拿出来的。这里在有关四种自然的理性理念上出现的情况实际就是这样。从四种自然的理性理念一方面得出四种论断，另一方面得出同样多的相反论断，而每一种论断都是非常严谨地根据普遍承认的原则推论出来的，这样它们就揭露了纯粹理性在这些原则的使用里的辩证的假象，而这些假象如果不是这样，本来是可以永远不被揭穿的。

因此，这是一个有决定意义的实验，这个实验一定会把掩藏在理性的前提里的某种错误必然地给我们揭露出
来。* 互相矛盾的两个命题不能都是错误的，除非它们 147
所根据的概念本身是自相矛盾的，例如，“一个四方的圆

* 我因而希望具有批判精神的读者们要特别注意这种互相冲突，因为自然界本身似乎就是把它这样建立的，使理性在它的一些大胆的论断上犹疑不决，并且迫使它进行自我检查。对于我所给的每一个证明，无论是在正题上或者是在反题上，我都完全负责，我并且负责通过这些证明来指明理性的不可避免的互相冲突的可靠性。假如读者们由于这个奇怪的现象而想去回溯这种现象所根据的前提的话，那么他们就会感到他们不得不同我一起对纯粹理性的全部认识的最后根据进行更深入一步的探索。

形是圆的”和“一个四方的圆形不是圆的”这两个命题都是错误的。因为就拿第一个命题来说吧，既然说这个圆形是四方的，那么说它是圆的就是错误的；但是，既然它是一个圆形而又说它不是圆的，即说它是四方的，那也同样是错误的。因为，一个概念的不可能性，它的逻辑标志就在这一点上，即假如我们以它为前提，则互相矛盾的两个命题就都是错误的；从而，既然在二者之间想不出一个第三者来，那么通过那个概念，是**什么也想不出来**的。

第五十二节（丙）

前两个互相冲突我称之为数学的互相冲突，因为它们是关于同质的东西加到一起或区别开来的。这两个互相冲突建筑在一种自相矛盾的概念上。我从这一点来解释为什么在这两个互相冲突里正题和反题都是错误的。

当我说到在时间里或在空间里的对象时，我并不是指自在之物说的，因为关于自在之物，我一无所知，我指
148 的仅仅是现象里的、亦即经验里的物，作为对客体①的一种特别的认识样式说的，这种认识样式是专为人预备的。我在空间里或在时间里所想到的，我不能说它是在我的

① 德文埃德曼版和施密特版是“Objekte”（客体），舒尔茨版是“Geschøpfe”（产物，创造物）。——译者

思维之外自在地存在于空间和时间里；那样说我就自相矛盾了；因为空间和时间以及它们所包含的现象绝不是在我的表象之外自在地存在着的东西，而仅仅是表象的样式，这样，把一个仅仅是表象的样式说成是也存在于我们的表象之外，显然是自相矛盾的。因此，感官的对象只能存在于经验之中；但是，把脱离经验或先于经验而本身自存的存在性加给感官的对象，这就等于把经验想成是实际上脱离经验或先于经验而存在。

如果我问世界在空间和时间上有多大，那么我的一切概念都说不出它是无限的，同样也都说不出它是有限的。因为这两种情况都不能包含在经验之中，因为无论是一个**无限的**空间或一个无限流逝的时间的经验也罢，或者是世界受一个空的空间或一个先在的空的时间所**限**
制的经验也罢，都是不可能的。这些都不过是一些理念。因此，世界的大小，无论是这样规定的或那样规定的，都在于世界本身，不依靠任何经验。然而这是同感性世界的概念相矛盾的。感性世界无非是现象的总和，它的存 149
在和连结只发生在表象即经验里，因为感性世界不是自在的东西，而仅仅是一种表象样式。由此可见，一个自存的感性世界的概念既然本身是自相矛盾的，那么有关它的大小的这一问题的解决，不管是试图做肯定的回答或者是做否定的回答，都永远是错误的。

这对于有关各个现象的区分问题的第二个互相冲突

也一样。因为各个现象不过是一些表象，各部分仅仅存在于它们的表象上，从而存在于区分上，即存在于部分表现于其中的一个可能经验里，而且可能经验达到多远，区分也就达到多远。认为一个现象，比如说物体的现象，它本身在一切经验之先就已经包含了可能经验所能达到的一切部分，这就等于说，给一个只能存在于经验以内的纯粹现象加上一个它自有的、先于经验的存在性，或者等于说，纯粹的表象先于它能够出现在表象力以内而存在。这是自相矛盾的。因此，对这个被误解的问题的任何解决办法，无论我们认为自在的物体是由无限多的部分组成的也罢，或者由有限数目的单一的部分组成的也罢，都是自相矛盾的。

150 第五十三节

在第一类互相冲突（数学的互相冲突）里，前提上的错误在于把自相矛盾的东西（即把现象当做自在的东西）表现成为可以在一个概念里相容的东西。但是在第二类，即力学的互相冲突里，前提上的错误是把可以相容的东西表现成为矛盾的东西。这样一来，在第一种情况里，两种彼此相反的论断就都是错误的；反之，在第二种情况里，两种论断彼此之所以相反仅仅是由于误解，因而两种都可以是正确的。

数学的连结（在量的概念上）必然以被连结的东西的同质性为前提；然而力学的连结却绝不要求这个前提。在对待有广延的东西的大小时，各个部分彼此之间以及部分同整体之间都必须是同质的；相反，在原因和结果的连结上当然也能找到同质性，不过它并不是必要的，因为因果性概念（一种东西通过因果性概念把完全不同的另一种东西定立下来）至少并不要求同质性。

假如把感性世界的对象当做自在之物，把上述自然界法则当做自在之物的法则，矛盾是不可避免的。同样， 151
假如把自由的主体也同其他对象一样表现为仅仅是现象，那么矛盾也是不可避免的，因为这个自由的主体就会从同一对象，在同一意义上，同时既被肯定又被否定。但是，如果自然界的必然性仅仅指现象的自然界的必然性，自由仅仅指自在之物的自由，那么如果我们同时承认或容许两种因果性，也不会产生任何矛盾，尽管后一种因果性是很难理解，或不可能理解的。

在现象中，任何结果都是一个事件，或发生在时间里的一种东西；按照普遍的自然界法则，原因的因果规定性（原因的一种状态）一定先于结果而存在，并使结果按照一种不变法则随之发生。但是，因果规定性的原因同样也必定是正在出现或正在**发生**的一种东西；这个原因必定是**已经开始行动了**，否则在原因和结果之间就不能设想出什么时间连续性来，结果就会和原因的因果规定性

一样是早已存在了的。因此,在现象与现象之间,规定行动的这种因果规定性也必定是已经发生了的,因而必定同自己的结果一样,是一个事件,而这个事件也必定有其原因,如此类推。由此可见,自然界的必然性是条件,这
152 种条件规定行动着的原因。反之,如果自由必须是现象的某些原因的一种性质,那么,对现象(即事件)来说,自由就一定是自发地(sponte)——换言之,用不着原因的因果性,即用不着任何别的理由来规定——把现象开始起来的一种能力。不过这样一来,原因,就它的因果性来说,就一定不受它的状态的时间规定性的支配,也就是说,一定绝不是现象,也就是说,一定被视为自在之物,而只有结果才被视为现象。*

* 自由这一理念仅仅发生在理智的东西(作为原因)对现象(作为结果)之间的关系上。因此,我们不能把自由加在物质身上,来说明物质持续不断的行动,物质以这种行动充实自己的空间,即使这种行动是从内在原则产生的。同样,我们也找不到适于纯粹理智存在体的一个[①]自由概念,比如,适于上帝的自由概念,尽管就其行动是内在的而言。因为上帝的行动虽然不根据外部规定的原因,然而却规定在他的永恒的理性里边,也就是规定在他的神圣的本性里边。只有当某种东西要通过一个行动开始时,从而结果要在时间连续中(亦即在感性世界中)发生时(例如世界的开始),我们才可以提出是否原因的因果性本身也必定要有一个开始,或者是否原因用不着它的因果性本身开始就能产生一个结果这一问题来。在第一种情况下,这一因果性概念是一个自然界的必然性概念;在第二种情况下,它是一个自由概念。读者们从这里可以看出,我把自由解释为自发地开始一个事件的能力,这样我就正好碰到了成为形而上学问题的概念。

① 德文埃德曼版和舒尔茨版是"einen"(一个),施密特版是"keinen"(没有一个)。——译者

如果我们能够毫无矛盾地设想理智存在体对现象所
施加的这样一种影响,而在感性世界里,原因和结果之间 153
的一切连结却都取决于自然界的必然性,只有对于本身并不是现象(虽然是现象的根据)的那种原因可以加之以自由,那么我们就可以把自然和自由加给同一个东西而不致有任何矛盾——不过要通过不同的关系来看,即一方面是作为现象来看,另一方面是作为自在之物来看。

我们在我们里边有一种能力,这种能力同自己的主观的规定根据(即这种能力行动的自然界原因)相连结。就这一点来说,它是一个存在体的能力,属于现象。不仅如此,这种能力同时也与客观的根据(仅仅是理念)相连结,就这些客观根据之能够规定这个能力来说,这种连结就用**应该**这一词来表示。这个能力叫做**理性**。而且,当我们仅仅按照客观规定的理性来观察一个存在体(人)时,它就不能被视为一个感性存在体,而是,所想到的这个性质是一个自在之物的性质,对于这个性质的可能性,我们一点都不能理解,也就是说,对于**应该**,即还没有发生的东西,怎么会规定它的活动,并且能够成为行动的原因,而其结果是感性世界里的一个现象,我们一点都不能
理解。虽然如此,理性的因果性,对感性世界里的结果来 154
说,必须是自由,就**客观的根据**(它们本身是理念)之被视为结果的规定者而言。因为,理性的行动在这种情况下不会根据主观的条件,也就是说,不会根据任何时间条

件,也不会根据用以规定这些条件的自然界法则,因为理性的根据是普遍地、按照原则地给行动以规则,不受时间或地点情况的影响。

我在这里所讲的不过是用来做为例子以帮助我们理解,并不一定是我们的问题里边的东西。我们的问题必须不是靠我们在现实世界里所见到的性质,而是完全从概念上去解决。

现在我可以毫无矛盾地说:理性的存在体的一切行动,由于它们是(发生在任何一种经验里边的)现象的缘故,都受自然界的必然性支配;然而,同是这些行动,如果仅就有关理性的主体以及这个主体完全按照理性而行动的能力来说,它们是自由的。因为,对于自然界的必然性来说,所要求的是什么呢?不过是感性世界中的每一事件的可规定性,这种可规定性是按照不变法则的,也就是按照在现象中的因果关系的;而作为现象的基础的自在之物以及它的因果性,则仍然是不知道的。但是无论出于理性(即出于自由)的理性的存在体是感性世界中的
155 各种结果的原因也罢,或者它不从理性根据来规定这些结果也罢,我都能说**自然界法则是持久存在的**。因为,如果是第一种情况,那么行动是按照公理做出来的,行动的结果在现象中就永远符合某些不变法则;如果是第二种情况,行动并不是按照理性的原则做出来的,那么它就受感性的经验法则支配。在两种情况下,结果都是按照不

变法则来连结的。关于自然界的必然性，我们所要求的和知道的只限于此。不过在第一种情况下，理性是这些自然界法则的原因，因此它是自由的；在第二种情况下，结果仅按感性的自然界法则行事，因为理性对它并不施加影响，但是理性本身并不因此而受感性的支配（那是不可能的），因此它在这种情况下也仍然是自由的。所以自由并不妨碍现象的自然界法则，同时自然界法则也并不妨碍理性在实践使用上的自由，而这种使用是与作为规定之根据的自在之物相关联的。

这样一来就保住了实践的自由，也就是说，理性，按照客观规定的根据，有了其因果性的自由，同时，就作为 156
现象的那些结果来说，也毫不妨碍自然界的必然性。以上这些，对于解释我们以前关于先验的自由和它同自然界的必然性的可以相容（在同一主体上，但不在同一关系上）所说的话，也有帮助。因为，在这方面，一个存在体从客观的原因做成的任何一个行为，它的起始，就其规定的根据来说，都永远是一个**第一起始**，虽然这同一的行动在现象的系列中不过是一个**从属的起始**，而在这之前，必须先有一个原因的情态来规定它，而这个原因的情态本身同样也被一个直接在它之前的原因所规定；这样一来，我们在理性的存在体里，或在一般的存在体上，就它们的因果性之在它们本身（作为自在之物）里被规定而言，就能够设想从存在体自身开始出来一系列情态的能

力而不与自然界法则相矛盾。因为行动对理性的客观根据的关系并不是时间的关系；在这种情况下，规定因果性的东西并不是在时间上先行于行动，因为像这样的一些规定，它们的根据并不表现对象对感官的关系，也就是并不表现对象对现象内原因的关系，而表现对象对规定性原因（作为自在之物）的关系，这种规定性原因是不受时
157 间条件支配的，这样，行动，对理性的因果性来说，就能够被视为一个第一起始；但是同时，对于现象的系列来说，也能够被视为仅仅是一个从属的起始。而且我们能够毫无矛盾地从第一个方面把它视为是自由的，从第二个方面（在那里它仅仅是一个现象）把它视为是受自然界的必然性支配的。

关于**第四个**互相冲突，我们也用同解决第三个互相冲突里边的理性与其自身的矛盾一样的办法来解决。因为，如果我们把**现象内原因**同**现象的原因**（就这种原因之能够被理解为**自在之物**来说）区别开来，那么这两个命题就很可以同时并存，即：感性世界里没有任何具有绝对必然的存在性的原因（按照同样的因果性法则），而另一方面，这个世界却被连结到一个必然的存在体上作为它的原因（然而是另外一种原因，并且按照另外一个法则）。这两个命题的不可相容性完全出于这样的一种误解，即把仅仅对现象有效的东西扩展到自在之物上去了，并且一般是把这两种东西混为一谈了。

第五十四节

理性在把它的原则应用于感性世界时所陷入的全部
互相冲突,其提出和解决就是这样。仅就前者而言(即 158
单是提出)就已经在对人类理性的认识上做出了巨大的
贡献,尽管矛盾的解决还不可能使读者们完全得到满足。
读者们在这里正在对一种自然的假象进行着斗争,而这
种假象对他们来说不过是刚刚被指出来,他们本来一直
是把它当做真象的。因为,一旦把感性世界的对象当做
自在的东西,而不是它们事实上是什么就把它们当做什
么,即不是把它们当做仅仅是现象,那么从这里产生这样
的一个结果就是不可避免的。理性就不可能摆脱它自身
的这种矛盾,读者们因而就不得不再一次对我们的全部
先天知识进行演绎,再一次对我所做的演绎进行检查,以
便在这个问题上达到最后的解决。我现在所要求的仅仅
就是这些;因为读者们在这样做的时候,就是通过思维而
足够深入到纯粹理性的性质里边去了,那么理性的矛盾
所唯一有可能赖以解决的概念,他们就熟悉了。没有这
一步,我就不能即使是从最用心的读者那里,期望得到一
个完全的赞同。

159 # 三、神学的理念

(《批判》〔德文第一版〕第 571 页起①)

第五十五节

第三个先验的理念是纯粹理性的设想。这个理念是给最重要的理性使用提供素材的。然而这种最重要的理性使用如果用在思辨上就成为越境的(超验的),从而成为辩证的。心理学的理念和宇宙学的理念是从经验出发,经过〔一个个〕根据的上升,被诱使去追寻(如果可能的话)这些根据的系列的绝对完整性,而在神学的理念这里则不然,理性同经验完全断绝,从似乎是可以用来做成一个一般事物的绝对完整性的那些仅仅是概念的东西,然后借助于一个最完满的原始存在体这样的理念,下降到规定其他一切事物的可能性,再从可能性下降到规定它们的实在性。因此,要把一个仅仅是出于假想的存在体,也就是**理念**,同理智概念区别开来,在这里是比在上面的两种情况下要更容易些的。这个仅仅是出于假想的存在体虽然不是在经验系列里,然而却是为了经验,为理解经验的连结、经验的秩序和经验的统一性而设想出

---

① 德文第二版第 599 页起,参见商务印书馆 1960 年中文译本第 411 页起。——译者

来的。从这里就很容易暴露出来辩证的假象。这种假象的产生，是由于我们把我们思维的主观情况，当成事物本身的客观情况了，把为了满足我们的理性之用的必要的假设，当成一个信条了。因此，关于先验的神学[①]的论 160
断，我就不再多讲了。因为《批判》在这方面已经讲得很易懂，很明确，并且很解决问题了。

关于先验的理念的总附释

第五十六节

通过经验提供我们的对象，在许多方面都是不可理解的，而自然界法则给我们指出的许多问题，如果提到某种高度，尽管符合自然界法则，也完全没有解决，例如对于物体为什么互相吸引这一问题就是这样。然而如果我们完全脱离自然界，或者当我们追随自然界的连结而超出一切可能经验，进到纯粹理念中去时，我们就不能说对象在我们是不可理解的，不能说物的性质给我们提出不可解决的问题；因为那时我们所对待的不是自然界，不是一般既定的东西，而仅仅是导源于我们理性的一些概念，一些仅仅是思维存在体，而从这些东西的概念里产生的

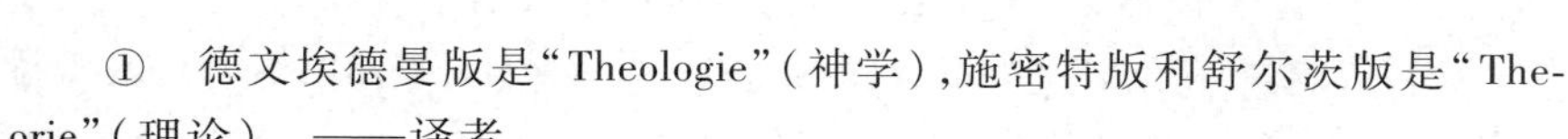

① 德文埃德曼版是“Theologie”（神学），施密特版和舒尔茨版是“Theorie”（理论）。——译者

161 一切问题,都一定是能够得到解决的,因为理性对它本身的做法无疑是能够而且必须报告出来的。* 心理学的①理念、宇宙学的理念和神学的理念都不过是一些纯粹理性概念,不能在任何经验里提供出来的。因此理性在这些理念上给我们提出来的问题都不是通过对象,而是理性为自身的满足,通过理性公理,提出来的。这些问题都必须是能够圆满解决的;而在指出它们都是为了把我们的理智使用引导到全面一致性、完整性和综合统一性上去的一些原则,指出它们仅仅对经验——对经验的整体——有效的同时,也就解决了这些问题。

162 尽管经验的绝对整体是不可能的,但是根据一般原则得来的知识,这种知识的一个整体的理念是唯一能够给予这种知识一种特殊种类的统一性,即一个体系的统

* 普拉特纳先生(Ernest Platner(1744—1818),著有《哲学箴言录》。——译者)在他的《箴言录》第728节和第729节里讲得很精辟:"如果理性是一个标准,那么就不可能有什么概念是人类理性所不能理解的。——只有在现实的东西里才有不可理解性。在这里,不可理解性是从获得的观念之不充分而来的。"因此,假如我们说:自然界里有不少不可理解的东西(如生殖的能力),但是当我们升得更高一些超出自然界,则一切在我们又都是可理解的了,这话听起来不过是奇谈,但也并不奇怪;因为那样一来,我们就完全离开了能够给我们提供的对象,我们对待的问题就只剩下理念了,而这样做的时候,我们就很可以理解理性通过理念给理智在经验的使用上所制订的法则,因为这种法则是理性本身的产物。

① 德文埃德曼版和舒尔茨版是"psychologischen"(心理学的),施密特版是"physiologischen"(生理学的、形而下的)。——译者

一性的；没有这种统一性，我们的知识就是支离破碎的，不能做最高目的（最高目的永远是一切目的的体系）之用。在这里我指的不仅是实践的目的，同时也是理性的思辨使用的最高目的。

因此先验的理念表示理性的特殊用途，即做为理智使用上的一个体系统一性原则。这些理念只是用以使经验在它本身以内尽可能接近完整性，也就是说，用只能是以属于经验本身的东西来限制它们的前进；假如我们把这种认识样式的统一性认为是属于认识的客体的，假如我们把这种**不过是制约性的东西**视为**构成性的东西**，假如我们以为我们能够通过这些理念把我们的知识超验地扩展到远远超出一切可能的经验，假如我们这样做，那么这就是在我们的理性的特殊用途以及其原则的评价上的一种纯粹误解，是一方面混淆了理性在经验上的使用，一方面也使理性本身陷入一分为二的辩证法。

结　论 163

关于纯粹理性的界线规定

第五十七节

上述的一些极其清楚的证明既经提出，如果我们对于任何一个对象还希望知道得多于这个对象的可能经验所包含的东西，或者对于我们认为不是可能经验的对象的任何一种东西还要求哪管是一点点知识，按照它自在的样子来规定它，如果我们这样希望那就很荒谬了。因为，我们将怎么来规定呢，既然时间、空间和一切理智概念，以及在感性世界里通过经验的直观或**知觉**而得出来的概念，除了使经验成为可能以外，没有、也不可能有别的用处，而且，假如我们从纯粹理智概念里去掉这一条件，纯粹理智概念就决不规定任何东西，何况也没有任何意义？

但是，另一方面，如果不承认任何自在之物，或者想要把我们的经验当做对物的唯一可能的认识样式，也就是说，把我们在空间里和时间里的直观当做唯一可能的
164 直观，把我们的论证性的理智当做一切可能的理智的原型，因而把经验的可能性的原则视为自在之物本身的普遍条件，那就更荒谬了。

如果审慎的批判不守住理性的界线，使理性只使用于经验，而且不限制理性的奢求，那么我们的"理性只用于可能的经验"这一原则本身就会变为**超验的**，我们的理性的限度就会被当做物本身的可能性的限度。关于这一点，休谟的《对话》[①]可以做为例证。怀疑论本来是导源于形而上学的，出自形而上学的不守纪律的辩证法。

① 《关于自然宗教的对话》，1779 年出版，著作时期约为 1749 年。——译者

起初它不过是为了维护理性的经验使用，把凡是超出经验使用的东西都认为是无价值的、骗人的；但是逐渐，当人们看到恰好这些原则都是先天的，它们一用到经验上去就不知不觉地、并且似乎也是合理合法地引导到比经验所能达到的范围更远的地方，于是人们就连经验原则也开始怀疑起来。然而这也不要紧，因为良知一直保持自己的权利；不过它给科学却造成一种特殊的混乱，使科学不能决定对理性究竟要信赖到什么地步，以及为什么 165
只信赖到那个地步而不是更远一些。只有把我们的理性使用的界线按照原则正式加以规定之后，这种混乱才可以消除，并且使它今后永远不再出现。

我们固然不能在一切可能的经验之外做出一个自在之物本身可能是什么样子的确定概念，不过我们也不能随便完全遏止我们自己不去探讨自在之物本身是什么，因为经验永远无法完全满足理性，它在问题的答案上把我们越带越远，让我们永远在问题的彻底解决上得不到满足。这一点，任何人都能从纯粹理性的辩证法上看得出来，它在那上面有它的很好的主观根据。关于我们的灵魂的性质问题，在对主体有了一个清楚的意识同时也确信它的现象不能用**唯物主义**来解释之后，谁能不去追问灵魂到底是什么呢？而且在这个问题上，假如任何经验概念都不够用，那么仅仅为了这个目的，谁能忍得住不

去接受一个理性概念(一个单纯的非物质性的[①]存在体的概念),尽管我们永远证明不出它的客观实在性来?在
166 有关世界的久暂和大小,有关自由或自然界的必然性的宇宙学的一切问题上,谁能满足于经验知识呢?因为无论我们怎样做,根据经验的基本法则[②]做出来的任何答案都又产生新的问题,而新的问题又同样要求一个答案,从而清楚地指出一切形而下的说明方式都不足以满足理性。最后,谁看不出来仅仅按照经验原则想出和设定的一切东西都不可能永远停留在偶然性和依存性上呢?而且尽管有禁令要他切勿迷失于超验的理念里去,谁不感到被迫在自己能够通过经验来证实的一切概念之外,还要到这样一个存在体的概念里去寻找安心和满足呢?对于这个存在体的理念本身的可能性固然不能理解,但同时也不能加以否定,因为这个理念关涉到一个仅仅是理智的产物,而如果没有它,理性就必然永远得不到满足。

界线(在有广延的东西里)永远以存在于某一个确定的场所以外并且包含这个场所的一个空间为前提;限度并不需要以这个为前提,它仅仅涉及没有绝对完整性的量的一些否定。但是看来我们的理性在它周围看见了一个境

① 格里洛的《康德先生著作校勘记》是“immateriellen”(非物质性的),埃德曼版、舒尔茨版和施密特版是“materillen”(物质性的)。——译者

② 德文舒尔茨版和施密特版是“Erfahrungsgrundgesetzen”(经验的基本法则),埃德曼版是“Erfahrungsgrunndsätzen”(经验原则)。——译者

界,用来认识自在之物本身,虽然它对自在之物永远不能有确定的概念,而且它本身完全是被限制在现象之内的。167

只要理性的知识是同质的,就不能设想有任何确定的界线。在数学和自然科学里,人的理性固然承认有限度,然而绝不承认有界线;换言之,它承认在它以外固然有某种东西是它永远达不到的,但并不承认它在内在的[①]前进中将会终止于某一点上。数学上知识的扩大和不断新发明的可能性,它们的前途都是无止境的;同样,通过连续的经验和经验通过理性的统一,我们对自然界的新性质、新力量和法则将不断得到发现,这种前途也是无止境的。然而在这里不能不承认限度,因为数学只涉及**现象**,凡是不能属于感性直观对象的东西,如形而上学概念和道德概念,都在数学的范围之外,数学绝不导向这些东西,也绝不需要这些东西。因此数学是不会向形而上学和道德学接近的,可以说数学同形而上学和道德学没有一点一线的接触。自然科学永远不能给我们揭露事物内部情况,即永远不能给我们揭露本身不是现象但能给现象做最高的说明根据之用的东西。自然科学在它在形而下的说明上也不需要这样的东西,甚至假如我们从其他方面给它提供出来像这样的根据(例如非物质性的 168
存在体的影响),它也必须拒绝接受,绝不把这样的根据

① “内在的”与“超验的”相对,指在经验以内的而言。——译者

加到它的说明中去。它的说明永远要完全以能够作为感官的对象而属于经验并且按照经验的法则被连结到我们的实际知觉上去的东西为根据。

但是形而上学在纯粹理性的辩证试图中把我们引导到一些界线上去。(纯粹理性的辩证试图不是任意胡来的,它是由理性的本性所迫使的。)先验的理念——由于我们既不能逃避它们,又永远不能实现它们——实际上不仅给我们指出纯粹理性使用的界线,同时也给我们指出规定这些界线的方式。这恰恰是我们的理性的自然倾向的目的和用途。我们的理性,像生了自己的珍爱的子女一样,生了形而上学;而形而上学的产生,同世界上其他任何东西一样,不应该看做是出于偶然,而应该看做是为了重大目的而明智地组织出来的一个原始萌芽。因为形而上学有其不同于其他任何科学的基本特点,即它是自然界本身建立在我们心里的东西,我们绝不能把它视为一个信手拈来的产物,或者是经验进展中的一种偶然
169 的扩大。(形而上学同经验是判然有别的。)

理性以它全部理智概念和法则使用于经验——亦即感性世界内部——上是够用的,不过它不满足于此;因为层出不穷的新问题使它永远不能抱任何希望做彻底的解决。旨在彻底解决这些问题的先验的理念,就是理性的像这样的一些课题。理性看得明白:感性世界并不能含有彻底性;作为理解感性世界之用的一切概念:空间、时

间以及我曾经在纯粹理智概念的名称之下提出的一切东西，也都不能含有彻底性。感性世界不过是按照普遍法则把现象连结起来的一种连锁，因此它本身并没有自存性，它并不是自在之物本身，因而必然涉及包含这种现象的基础的东西，涉及一些存在体，这些存在体不是单纯当做现象，而是当做自在之物本身来认识的。理性的愿望是从被制约者向它的制约者前进，理性认识上述这些存在体就能够希望满足走完这个进程的愿望。

我们在前面（第三十三节、第三十四节）曾经指出理
性在有关纯粹思维存在体的一切认识上的限度。现在， 170
既然先验的理念迫使我们一定要向这些思维存在体前进，并且看来已经引导我们一直走到了满的空间（经验的空间）同空的空间（我们一点也不知道的空间——本体的空间）的接触点上，因此我们也就能够规定纯粹理性的界线。因为在任何界线中都有肯定的东西（比如面就是物体空间的界线，而面本身也是一个空间；线是面的界线，也是一个空间；点是线的界线，不过也仍然是空间的一个地位）；至于限度，它只能包含否定。上面所提两节里所指的限度还是不够的，因为我们看出在那些限度以外还有东西（尽管我们永远不知道那个东西的自在的样子）。现在的问题是：我们的理性在我们知道的东西同我们不知道的、永远不能知道的东西的这一连结上采取什么态度？这是已知和完全未知（并且永远停留于未

知)的一种实际连结;而且即使未知绝不能被知道得多一点(事实上不能希望知道得更多一点),但无论如何这种连结的概念是能够规定,能够弄清楚的。

因此我们一定要设想一个非物质性存在体,一个理
171 智世界和一个一切存在体(纯粹的本体)中的至上存在体。因为理性只有在作为自在之物本身的这些东西上才得到彻底和满足,而这种彻底和满足是它永远不能希望通过现象从其同质的根据中得出来的;因为现象实际涉及与它们本身不同的什么东西(即完全异质的东西),这是因为现象永远以自在的东西为前提,并且从而揭示这个自在的东西,不拘我们能不能更进一步地认识它。

对于这些理智的产物,我们永远不能按照它们自在的样子(亦即确定地)认识它们,而在感性世界的关系上我们又必须假定它们,必须用理性把它们连结到感性世界上去,既然如此,我们至少能够借助于表示它们对感性世界的关系的那样一些概念来思维这种连结。因为,如果我们只是通过纯粹理智概念来思维理智存在体,那么我们所思维的实际上一点确定的东西都没有,因而我们的概念就毫无意义;如果我们借助于从感性世界里搬过来的性质来思维它,那么它就不再是理智存在体了,那样它就会被认为是现象之一,而且属于感性世界了。姑且以至上存在体这一概念为例。

自然神论的概念完全是一个纯粹理性概念,这个概

念只表象含有全部的实在性的东西，而对于这些实在性却一个都不能给以规定；因为，如果要规定它们，那就势 172
必从感性世界搬取例证，而那样一来，我所对待的就将仅仅是一个感官对象，而不是完全异质的、绝不能成为感官对象的什么东西了。因此，比如说，假如我们把理智加给这个至上存在体吧，可是我所有的关于理智的概念只是我关于我自己的理智的概念，也就是说，这个理智必须通过感官才得到它的直观，它的职责仅在于使直观服从意识的统一性的规则。但是这样一来，我的概念的元素就永远存在于现象中了；可是，正是因为现象不够用，我才不得不超出现象以期达到一个完全独立于现象、也不把现象作为自己的规定性的条件而受其约束的一个存在体的概念。然而，如果我为了得到一个纯粹的理智而把理智同感性分开，那么剩下来的就仅仅是一个没有直观的思维形式，通过这种形式，我们认识不了任何确定的东西，也就是说，认识不了任何对象。因此，为了认识对象，我就必须设想另外一种能够直观对象的理智；但是对于这样的一种理智，我一点概念都没有，因为人的理智是论证性的，它只有通过普遍概念才能认识。如果我加给至上存在体一种意志，情况也是一样。因为意志这个概念， 173
我完全是从我的内经验中得出来的，而我的意志之是否得到满足，是根据我所要求的对象之是否存在的。因此意志这个概念是根据感性的，而这与至上存在体的这种

纯粹概念是完全不相容的。

休谟对自然神论的攻击是软弱无力的，只打击了自然神论的证明，丝毫没有触及自然神论所主张的命题本身。但是休谟对有神论的攻击却是非常有力的，至上存在体这个概念是人们做成的，从这一点来说，这种攻击甚至在某种情况下（实际上是在一切通常情况下）是驳不倒的。有神论应该是从我们关于至上存在体这个概念（这个概念在自然神论那里纯粹是超验的）上，进一步规定出来的。休谟一直强调说，仅凭一个原始存在体的概念，在这个概念上我们仅仅加上一些本体论的属性（永恒性、全在性、全能性），实际上我们领会不到任何确定的东西。我们还必须增加一些能够使这个概念具体化的性质才行。光说它是一个原因，那是不够的，还必须说明它的因果性的性质是什么，是通过理智还是通过意志起作用。休谟对有神论的攻击就是从这里开始的；而在这以前，他的攻击对象仅仅是自然神论的证明，这种攻击在后果上起不到什么十分严重的要害作用。他的要害的论
174 据都是涉及拟人观的。按照他的意见，有神论离不开拟人观，而拟人观又使有神论本身陷于矛盾。有神论一旦脱离了拟人观就会立刻垮台，除了自然神论就什么也剩不下了。我们从自然神论里得不出什么东西来，它对我们没有什么用处，不能给宗教和道德做什么根据。如果说拟人观真是离开不得的东西，那么关于一个至上存在

体的存在性的一切证明，即使把这些证明全都承认下来，也不能使我们在规定这个存在体的概念上不陷于矛盾。

如果把“不许让纯粹理性做任何超验的判断”这一禁令，结合到表面上与之相反的“向内在的（经验的）使用范围之外的概念前进”这一命令上去，我们就会看出二者是可以同时并存的，不过这只有恰好在一切合法的理性使用的**界线**上才有可能；因为这个界线既属于经验的领域，又属于思维存在体的领域。同时我们也由之而认识到：这些如此令人惊奇的理念如何只做为规定人的理性的界线之用，即一方面不要无止境地扩大我们通过经验得来的知识，这样一来，给我们剩下去认识的就只有世界了；而另一方面，不要超出经验的界线，不要想对经验的界线以外的、作为自在之物本身的东西去进行判断。175

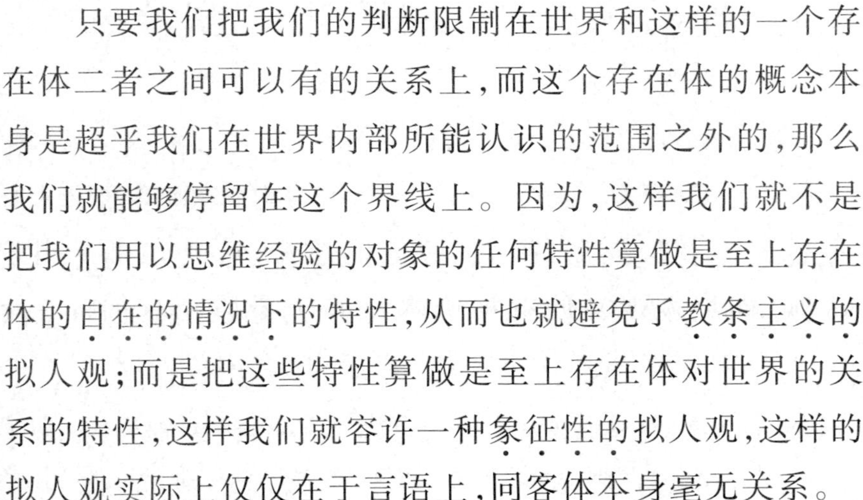

只要我们把我们的判断限制在世界和这样的一个存在体二者之间可以有的关系上，而这个存在体的概念本身是超乎我们在世界内部所能认识的范围之外的，那么我们就能够停留在这个界线上。因为，这样我们就不是把我们用以思维经验的对象的任何特性算做是至上存在体的**自在的情况下**的特性，从而也就避免了**教条主义的**拟人观；而是把这些特性算做是至上存在体对世界的关系的特性，这样我们就容许一种**象征性**的拟人观，这样的拟人观实际上仅仅在于言语上，同客体本身毫无关系。

如果我说我们不得不把世界看得就**好像**它是一个至

上理智和意志的作用**似的**，这实际上就等于说：感性世界（即做成现象的总和的基础的一切）之与未知者之间的关系就好像一只钟表、一艘船、一团军队之与钟表匠人、造船工程师、团长之间的关系一样。对于这个未知者，我固然并不认识它的“自在”的样子，然而我却认识它的“为我”的样子，也就是说，我认识它涉及世界的样子，而我是世界的一个部分。

176
第五十八节

这样的认识是一种**根据类比**得来的认识，它不像我
148 们一般对类比这个词所理解的那样，指两个东西之间的不完全相似，而是指完全不相似的东西之间的两种关系的完全相似而言的。* 然而通过这个类比，就留出一个

---

* 譬如，在人类行为的法权上的关系同推动力的力学上的关系之间有着一种类比：我对待别人怎样，不能不给别人以权利使他在同样情况下也那样对待我；同样，任何一个物体用它的推动力作用于别的物体上，不能不引起别的物体也以同样多的力量反作用于这一个物体上。在上面的两个例子里，权利和推动力是两种完全不相似的东西，但是在它们的关系上却有一种完全的相似性。用这种类比，我可以提供出我完全不知的东西的一个关系概念。例如：子女的幸福之增进（$=a$）对父母之爱（$=b$）的关系是怎样，人种繁荣（$=c$）对上帝里面的未知数（$=x$）、我们称之为“爱”的关系也是这样；这并不是说这种爱同人类的某种感情有丝毫相似之处，而是说我们能够设定它对世界的关系同世界中的事物互相间的关系是相似的。但关系概念在这里不过是一个范畴，即因果性概念，它同感性是毫不相干的。

充分**为我们**规定的至上存在体的概念，虽然我们已经把可以绝对地、**自在地规定**它的一切东西都放在一边不管；因为我们是就世界、并且从而是就我们自己来规定它的，而且更多的东西我们也用不着。休谟对那些要绝对地规定这个概念，而为了这样做，就从他们自己身上和世界里
搬取材料的人的攻击，牵涉不到我们；他也不能责备我们 177
说，一旦从至上存在体身上拿掉了客观的拟人观，我们就将一无所有了。

因为，只要人们开始（就像休谟在他的《对话》里通过菲罗这个人物反对克雷安特那样）同意我们把关于原始存在体的自然神论概念（在自然神论里，人们是通过实体、原因等纯粹本体论的属性来思维这个存在体的）当做一个必要的假设（**人们非这样做不可**，因为理性在感性世界里受纯粹条件的牵制，而这些条件本身又受其他条件的制约，因此假如不这样做，理性就永远得不到满足；同时**人们也完全可以这样做**而不致陷入拟人观里去，拟人观是把感性世界里的属性搬到与世界迥不相同的一个存在体身上的，而那些属性不过是一些范畴，它们给它的概念虽然不是一个确定的，然而却是一个不受任何感性的条件限制的概念），那么就没有什么能妨碍我们给这个存在体，就其对世界而言，加上一个**出于理性的因果性**的属性，从而〔从自然神论〕过渡到有神论上去，用不着把这样的一种理性加给这个存在体做为它所固有的一

178 个属性。因为，第一，把理性的使用在有关全部可能经验上推向最高程度使它在感性世界里完全能够运用自如的唯一可能的办法，就是设定一个至上理性，把它当做世界里一切连结的原因；像这样的一个本原对理性十分有利，同时对理性在自然界里的使用上也绝无害处；第二，这样一来，我们把理性当做属性搬过来，不是加给自在的原始存在体本身上，而仅仅是加给原始存在体对感性世界的关系上，这样就完全避免了拟人观。因为我们在这里考虑的只是世界上到处都遇得到的理性形式的原因，而我们把理性加给至上存在体，这是就其包含世界的理性形式的根据来说的，并且完全是按照类比，也就是说，完全是就类比这一词所指出的我们所不知的至上原因对世界的关系来说的，以便在世界中得以最高度合乎理性地规定一切东西。这样就使我们不致用理性这一属性去思维上帝，而是用它去思维世界，这对理性在世界中按照原则的使用达到最大的可能上，是很有必要的。我们从而承认：至上存在体，它的自在的样子对我们来说是完全不可捉摸的，甚至不可能用任何确定的方式来设想。这就使我们一方面不致把属于我们的概念去做超验的使用（我

179 们的这些概念是从理性得出来，作为一个通过意志来表现的动力因的），拿完全是从人的性质中搬过来的属性去规定神的性质，同时也使我们不致迷惘于一些粗野的或狂妄的概念中去；另一方面，也使我们避免拿按照我们

从人的理性搬到上帝身上去的一些概念所做的超自然的解释方式，来淹没我们对世界的观察，抽掉这种观察的本来目的。它的本来目的不过是通过理性来研究自然界，而不应该是狂妄地从至上理性来得出自然界的现象。对于我们的软弱无力的概念应该这样说才合适：我们把世界设想成**就好像**它的存在和它的内部的规定是来源于一个至上理性**似的**，由此我们一方面用不着妄自规定世界的自在的原因的性质就能够认识属于世界本身的性质，另一方面，能够把（理性形式在世界中的）这个性质的根据**放在**至上原因对世界的**关系中**而不致因此感觉到世界是自身满足的。*

把休谟的“不要教条主义式地把理性使用推到一切 180

可能经验领域之外去”这一原则如果同他所忽视的另一原则，即“我们的理性不要把可能经验的领域视为对它自身的限制”，二者结合起来，那么似乎是反对有神论的那些诘难就清除了。理性批判在这里指出一个介乎休谟所攻击的教条主义和他所要提出的怀疑论之间的真正的

---

* 我是要说：至上原因的因果性对世界的关系就如同人的理性对它的艺术作品的关系一样。我当然不知道至上原因本身的性质；我仅仅把它的对我来说是已知的〔德文舒尔茨版和施密特版是“unbekannte”（未知的），埃德曼版是“bekannte”（已知的）。——译者〕结果（世界的秩序）和它对于理性的符合性同我所已知的人类理性的结果相比较，这样我把至上原因叫做理性，就不至于把我在人的身上用这一言词所指的东西或我所已知的什么东西加给它做为它的性质了。

折中办法。这个折中办法不像人们试图去自己机械地规定的(这边采取一点,那边采取一点)谁都不认为是一条更好的那样的一些折中道路;它是一个能够按照原则精确规定出来的办法。

第五十九节

在这个附释[1]开始时,我为了在理性的合宜使用上订立理性的限度起见,曾经用**界线**做为比喻。感性世界

181 只包含现象,而现象并不是自在之物;然而,正是由于把经验的对象当作仅仅是现象来认识,理智才必须承认自在之物(本体)。现象和自在之物二者都是理性里所包含的东西。于是问题就来了:在这两个领域上,理性怎么给理智划界线?经验包括全部属于感性世界的东西,不能限制它自己;它永远只能从被制约的对象向另一个被制约的对象前进。应该限制它的必然是完全在它以外的东西,而在它以外的是纯粹理智存在体的领域。如果要对这些理智存在体的性质加以**规定**,那么这个领域对我们来说是一个空虚的境界;如果用那些教条主义的规定概念,那么我们又不能走出可能经验的领域。不过,既然界线本身是一个肯定的东西,它既属于在它里边所包含

[1] 指本《结论》而言。——译者

的东西,又属于存在于既定的总和以外的天地,因此它也仍然是一个实在的肯定认识,理性只有把它自身扩展到这个界线时才能得到这种认识,但不要打算越过这个界线,因为一越过这个界线,它就面临一个空虚的境界,在那里它固然可以思维事物的形式,但不能思维事物的本身。然而,由一个对经验来说是未知的什么东西给经验领域加以**限制**,这也仍然是一种认识,这种认识即使在这种情况下也还是属于理性的,因此理性既不局限于感性世界之内,也不迷惘于感性世界之外,而是适于当作一个 182
界线上的认识,把它自己仅仅限制在存在于界线以外的东西同包含在界线以内的东西的关系上。

自然神学就是这样一种有关人类理性的界线上的概念,因为它只能向这个界线以外去瞻望一个至上存在体的理念(并且,由于实践的关系,也去瞻望一个智慧的世界的理念),不是为了规定任何有关纯粹理智存在体,也就是说,有关感性世界之外的东西,而是为了按照尽可能广泛的(理论的和实践的)统一性原则指导感性世界之内的理性使用。为了这个目的,我们虽然使用了感性世界对一个独立自存的理性的关系,把理性作为所有这些连结的原因,但我们并没有因此而**创造**一个存在体;而是,既然在感性世界之外必然有某种东西存在,而对于这种东西只有用纯粹理智才可以思维,那么我们就把这种东西用这样的方式来**规定**(当然仅仅根据类比)。

这样一来,我们前面所说过的命题(全部"批判"的结果)仍然成立:"理性通过自己的一切先天原则所告诉我们的仅限于可能经验的对象,而在这些对象里,仅限于
183 在经验里能够被认识的东西"。但是这个限制并不妨碍理性把我们引导到经验的客观界线上去,也就是引导到某种东西的关系上去,这种东西本身不是经验的对象,然而却是一切经验的最高根据。虽然如此,理性并不告诉我们这种东西的自在情况,它只告诉我们有关它自己在可能经验的领域以内的完全的、指向最高目的的使用。然而这就是目前我们所能合理希望的一切,并且我们由此有理由感到满足。

第 六 十 节

这样,我们就给形而上学做出了详细的说明,这是按照人类理性的自然趋向中所实际提供那样,并且在构成它的主要目的上,根据它的主观可能性做出的。我们从这里看到,我们的理性的这样一种趋向的单纯是自然界的使用,假如没有科学的批判纪律来制御它并且限制它的话,就会使我们陷于越境的辩证推论中去,这些辩证推论里有些仅仅是表面自相矛盾的,有些是真正自相矛盾的。另外我们也看到这种虚假的形而上学对于增进自然界知识不但没有必要,反而甚至有害。虽然如此,但仍然

还剩有一个值得研究的问题，那就是去发现这种趋向在我们的理性中的超验的概念上所意图着的**自然界目的**是 184
什么，因为自然界里的一切，开始都一定是有某种有用的目的的。

像这样的一种研究事实上是没有把握的。我承认我关于上述问题所能说的话，就和关于自然界的第一目的的一切说法一样，都不过是一些揣测之辞，而在这方面，我也同样可以被容许这样做，因为问题所涉及的并不是形而上学判断的有效性，而是对形而上学判断的天然趋向，因此这个问题不属于形而上学的系统，而是在人类学的范围之内的。

先验的理念的总和，构成自然界的纯粹理性特有的课题，它迫使纯粹理性离开单纯观察自然界，超出全部可能经验，并且在这样做的过程中就产生叫做形而上学的东西（不拘这种东西是知识也罢，或是空谈也罢）。当我把这样的一些先验的理念全部拿来检查时，我发现这种天然趋向的目的乃是为了从经验的枷锁中，从单纯是观察自然界这一限度中，把我们的概念解放出来，使它至少看到在它面前开展着一个包含为感性所绝对达不到的、仅仅作为理智的对象的境界；这样做当然不是为了对这些对象去做思辨的研究（因为我们在那里找不到立足之地），而是因为实践的原则；如果面前没有像这样的一个境界来满足其必要的期待和希望，就不能达到理性为了 185

道德的目的所绝对需要的普遍性。

因此我觉得，**心理学**的理念尽管在有关纯粹的、高于一切经验概念的人类灵魂的性质上使我了解得很少，但至少足够清楚地指出了经验概念之不足，从而使我不致陷于唯物主义。唯物主义的心理学概念不适于说明自然界，此外它还把理性限制在实践的目的上。同样，**宇宙学的**理念，由于其全部可能的自然界知识都不能满足理性的合法要求，这就使我们不致陷于自然主义。自然主义想要把自然界说成是本身自足的。最后，既然全部自然界的必然性在感性世界里都是有条件的，因为它永远必须以事物之依存于其他事物为前提，没有条件的必然性只有在与感性世界不同的原因的统一性里才可以找到，而这种原因的因果性本身，如果纯粹是自然界〔的因果性〕，那么，作为它〔因果性〕的结果的偶性的东西的存在性，就绝不会为人所理解。那么通过**神学的**理念，理性就
186 摆脱了宿命论，并且引导我们到一个出于自由的原因的概念，从而到一个至上智慧的概念上去。宿命论是不仅表现在缺乏第一本原的自然界本身的连贯性上，同时也表现在第一本原本身的因果性上的一种盲目的自然界的必然性。这样一来，这些先验的理念尽管不能正面地给我们增加知识，却至少有助于使我们铲除胆大妄为的，缩小理性范围的**唯物主义**、**自然主义**和**宿命论**等论断，并且从而在思辨的领域之外给道德观念提供了地盘。我想这

在某种程度上就解释了上述的自然趋向。

一种纯粹思辨的科学所能起的实践的效用并不算是这门科学范围以内的事，因此我们可以把它仅仅当作一个附录来看待，它同其他一切附录一样，不能成为这门科学本身的一个部分。虽然如此，实践的效用至少在哲学里，特别是在从纯粹的理性的源泉中汲取出来的哲学里，算是哲学范围以内的事，因为在纯粹理性源泉里，理性在形而上学方面的思辨的使用必然同理性在道德方面的实践的使用是统一的。因此，纯粹理性的不可避免的辩证法，在一种被视为自然趋向的形而上学里，不仅应该被说明是一种需要消除的假象，而且，如果可能的话，也应该从它的目的上被说明是一种**自然准备**，虽然这一份外的任务实在说来是不能像真正的形而上学来要求的。 187

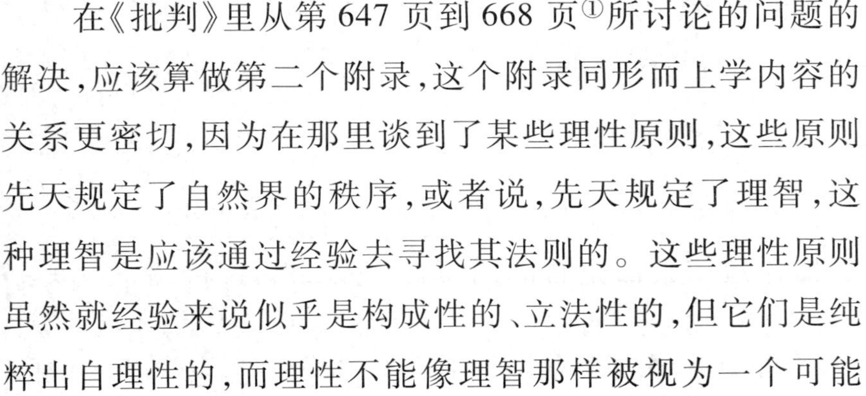

在《批判》里从第 647 页到 668 页①所讨论的问题的解决，应该算做第二个附录，这个附录同形而上学内容的关系更密切，因为在那里谈到了某些理性原则，这些原则先天规定了自然界的秩序，或者说，先天规定了理智，这种理智是应该通过经验去寻找其法则的。这些理性原则虽然就经验来说似乎是构成性的、立法性的，但它们是纯粹出自理性的，而理性不能像理智那样被视为一个可能

① 德文第二版第 670—696 页；参见商务印书馆 1960 年版第 456 页至第 472 页。——译者

经验的原则。那么这种一致性是否根据以下事实得来，即正如同自然界本身之不依存于现象或其源泉——感性，而只存在于感性对理智的关系中，同样，理智为了达成一个（在一个体系中的）完整的可能经验之用的理智使用上的全面统一性，也只有在理智对理性的关系中才属于理智，或者是否经验也间接为理性的立法所支配？这个问题，对那些不只希望在形而上学里的使用上去探索理性的性质，甚至希望在它把一般自然历史加以系统化的普遍原则中去研究理性的性质的人们来说，是可以去进一步考虑的；因为这个问题，我在《批判》里固然已经指出了它的重要性，然而却没有对它试求加以解决。*

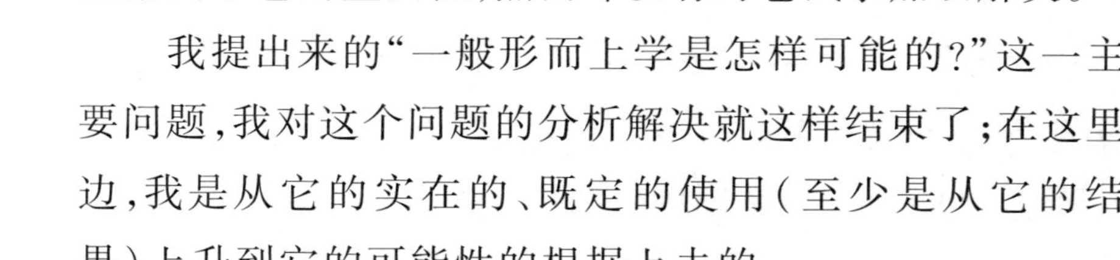

我提出来的“一般形而上学是怎样可能的？”这一主要问题，我对这个问题的分析解决就这样结束了；在这里边，我是从它的实在的、既定的使用（至少是从它的结果）上升到它的可能性的根据上去的。

* 在《批判》一书里我从头至尾一直念念不忘的是：凡是有助于使我们把关于纯粹理性的性质的探讨做得更加完备的东西，我都毫不忽视，不管它们是多么隐蔽难测。当我指出还有什么地方需要下功夫之后，人人都可以随心所欲地进行深入探讨。人们完全有权期待于这样的一个人，他把衡量〔纯粹理性的〕全部领域这一工作视为己任，以期把未来的开拓和分工的任务交给别人去做。两个附录都属于这类性质。这两个附录，由于本身干燥无味，不能交给业余爱好者去做，为此之故，只能在这里委托给内行人。

总问题的解决 188

作为科学的形而上学怎样才可能?

形而上学,作为理性的一种自然趋向来说,是实在
的;但是如果仅仅就形而上学本身来说(就像《主要问题
第三编》里的分析解决所指出的那样),它又是辩证的、
虚假的。如果继而想从形而上学里得出什么原则,并且
在原则的使用上跟着虽然是自然的、不过却是错误的假 189
象跑,那么产生的就绝不能是科学,而只能是一种空虚的
辩证艺术,在这上面,这一个学派在运气上可能胜过另一
个学派,但是无论哪一个学派都绝不会受到合理的、持久
的赞成。

为了使作为科学的形而上学能够做出不是虚假的说教,而是真知灼见,是令人信服的东西起见,理性批判本身就必须把先天概念所包含的全部内容、这些概念按照不同源泉(感性、理智、理性)的类别,连同一张完整的概念表,以及对所有这些概念的分析和这些概念可能产生的一切结果,特别是通过先天概念的演绎而证明出来的先天综合知识的可能性、先天综合知识的使用原则以至使用的界线等等,统统都摆出来,把所有这些都容纳到一个完整的体系里才行。这样,批判,而且只有批判才含有

能使形而上学成为科学的、经过充分研究和证实的整个方案，以至一切办法。别的途径和办法是不行的。因此，问题并不在于知道这个事业怎样可能，而是在于怎样才能实现这个事业，并且怎样才能劝说一些有识之士把他们至今所从事的迷失方向的、徒劳无益的劳动转到一个确有把握的工作上来，以及怎样才能使这样的一种联合
190 〔力量〕用最适当的方式导向共同的目标。

至少有一点是肯定的：谁尝到了“批判”的甜头，谁就会永远讨厌一切教条主义的空话。他以前只是由于他的理性得不到所需要的更好的营养才无可奈何地满足于那些空话的。

批判和普通的学院形而上学的关系就同**化学**和**炼金术**的关系，或者**天文学**和**占星术**的关系一样。我敢保证，谁要是对《批判》里的，甚至对《导论》里的原则加以深思熟虑并得到很好的理解，谁就再不会回到那种古老的、诡辩的假科学上去；不但如此，他还将以某种喜悦的心情期望一种形而上学，这种形而上学是他今后确有把握拿到手的，不需要做什么预备性的发现，而且这种形而上学能够使理性第一次地得到持久性的满足。因为这里有这样的一个好处，这个好处在一切可能的科学中间只有形而上学才有把握指望得到，那就是：形而上学能够达到不可能再有什么改变、不可能再有什么新的发现增加进来的这样一种完满、稳定的状态；因为在这里，理性知识的源

泉不是在对象和对象的直观里(通过对象和对象的直观不会增加更多的东西),而是在理性本身里,并且当理性全面地、以不容有丝毫误解的确定程度把自己的能力的 191
基本原则摆出来之后,纯粹理性就无需先天认识,也无需提出问题了。仅仅对这样确定、这样完备的一种知识的可靠期望本身就有一种特殊的引诱力,还不算这种知识的全部用途。(关于这种知识的全部用途,我以后还要谈到。)

任何虚假的艺术,任何华而不实的智慧,都有它的时间性,过时就要自消自灭;而它最兴盛的时刻同时也就是它开始衰落的时刻。对于形而上学来说,这个时刻现在已经来到。这可以由这样一个事实来证明:形而上学在文化较高的一切民族中已经衰落到怎样的地步,而在这些民族中其他各种学术却都在蓬勃发展。在旧的大学的学科设置中仍然保留着形而上学的影子;只有那么一所科学院还不时颁发奖金,诱使人们写这方面论文。但是形而上学已经不再列为严正的学术之一了,而任何人自己都可以下这样的判断,即一个有学问的人,当人们想要称他为伟大的形而上学家时,他用怎样的心情去接受这样一个虽然出于善意、但是不受任何人羡慕的荣誉。

不过,虽然一切教条主义的形而上学的衰落时刻毫无疑问已经来到,但是我们还不能说形而上学通过彻底的、全面的理性批判而获得再生的时刻已经来到。从任 192

何一个趋势过渡到一个相反的趋势，都要经过渐变的阶段，而这一时刻对一个作者来说，是最危险的；但是依我看，对这门科学来说却是最有利的。因为，在旧的结合关系全面瓦解，派别思想随之而消灭时，这正是学者们慢慢注意听取各种意见以便按照另外一个方案团结起来的最好时机。

当我说，我希望本《导论》也许会引起一些关于批判方面的研究，而且会给在思辨方面似乎缺少食粮的一般有哲学头脑的人提供一种新的、充满希望的营养品时，我能事先预料到，凡是走厌了我的“批判”的荆棘之路而感到非常恼火的人，都将问我凭什么抱有这样的希望。我的回答是：**凭不可抗拒的必然性法则**。

人类精神一劳永逸地放弃形而上学研究，这是一种
193 因噎废食的办法，这种办法是不能采取的。世界上无论什么时候都要有形而上学；不仅如此，每人，尤其是每个善于思考的人，都要有形而上学，而且由于缺少一个公认的标准，每人都要随心所欲地塑造他自己类型的形而上学。至今被叫做形而上学的东西并不能满足任何一个善于思考的人的要求；然而完全放弃它又办不到。这样一来，就必须**试探**一下对纯粹理性本身来一个批判；或者，假如现在已经有了这样的一种批判，那么就必须对它加以**检查**并且来一个全面的实验。因为没有别的办法比满足这一纯粹是求知的渴望更为迫切的需要了。

自从我懂得了批判之后，每当我读完一本由于概念明确，由于内容丰富多彩、条理分明和文体通畅而使我既感到兴趣又受到教益的形而上学内容的著作时，我都不禁要问：**这位著者真地把形而上学推进了一步吗？**我请这样的一些学者原谅我，他们的著作在其他方面对我曾经有过用处，而且对于我的精神能力的培养永远有帮助；但是我坦白地说，无论在他们的论文里，或者在我自己的自然是水平较差的论文里（不过由于自尊心，我还是认为我的论文不错），我都没有看出形而上学有一点点的进展。

这是出于如下的一种非常自然的理由，即这门科学 194
还不存在，并且它也不是能由一些零头碎块拼凑得起来的，而是首先必须完全在批判中培育出它的幼芽来。为了防止一切误会起见，必须提一提以前说过的话，即分析研究我们的概念固然对理智有很大用处，但丝毫无助于这门科学（形而上学）的进展，因为对这些概念所做的分析不过是一些我们必须首先用之以建造这门科学的材料。即使我们把实体概念和偶性概念加以分析并且尽可能地加以规定，这固然给某种未来的使用做了准备，但是如果我丝毫证明不了在一切存在着的东西里边实体是常住的，而变化的只是偶性，那么任何分析都丝毫不能推进这门科学。

直到现在，无论对以上这个命题，或者对充足理由命题，更用不着说对某些更为复杂的命题，例如属于心理学或宇宙学的命题，一句话，对任何综合命题，形而上学从来也没有能够先天地给以有效的证明。因此任何分析都既没有取得什么成就，也没有产生和推进什么东西，而这
195 门科学尽管闹哄了这么多时候，却仍旧停在亚里士多德的时代，虽然准备工作——如果仅就人们已经发现了导向综合知识的线索来说——的确比那时要好得多了。

如果有谁认为是被冒犯了的话，那么只要他做出哪管只是一个属于形而上学的综合命题，并且用教条主义的方法把这个命题先天地证明一下，他就不难驳倒这个指责；如果他这样做了，而且只有在他这样做了之后，我才承认他真地把这门科学推进了一步，哪管这个命题本来已经是一般经验所充分证实了的呢。不可能有比这个条件更客气、更公平合理的了。如果做不到这一点（这是肯定的），那么就不可能有比以下这一宣判更合适的了：即形而上学直到现在还从未作为科学而存在过。

这个挑战如果被接受了，我还有两件事不能答应：第一，玩弄**盖然性**和假定，这在几何学上不行，在形而上学上也同样不行；第二，用所谓**良知**这一魔术棒来做决定，这并不是对一切人都好使的，它只能适合个别人的脾性。

196 因为，**关于第一点**，把形而上学这样一种出自纯粹理性的哲学判断建筑在盖然性和假定上，这是再荒唐没有的了。任何事物，如果说它是先天被认知的，那就是说它

是无可置疑地靠得住的，从而必须被证明它是这个样子。想要把几何学或算学建筑在假定上也是这样。说到算学里的盖然性计算，它所包含的不是盖然的判断，而是在既定的同样条件下，对某些情况的可能性的程度所下的完全靠得住的判断。这些情况，在一切可能的情况的总和中，按照规则是必然要产生的，尽管这个规则并不是对于每一特殊事件都是充分规定了的。只有在经验的自然科学中才能容许有假定（借助于归纳和类比）；尽管是这样，我所假定的东西的可能性也至少必须是完全靠得住的。

当谈到概念和原则（不是就它们对经验有效，而是就它们即使在经验的条件以外也有效而言）时如果去**求**
助于良知，那就更糟糕了。因为，什么是**良知**？良知就是 197

判断正确时的**普通理智**。什么是普通理智？普通理智就是具体认识和使用规则的能力，和**思辨理智**不同。思辨理智是抽象认识规则的能力。普通理智很难懂得像“凡是发生的东西都为其原因所规定”这样的规则，而且永远也不能一般地像这样来理解。普通理智需要一个来自经验的例证，而且当它听说这个规则并非什么别的东西，它只不过意味着在一块窗玻璃被打碎了或者一件家具不见了时所一向想到的事情，这时才懂得并且承认了这个原则。因此，普通理智只有在能够看到它的规则被经验所证实的时候（虽然这些规则实际上是它所先天具有的）才可以使用；此外别无用处。先天并且不依靠经验来掌握这些规则,那是属于思辨理智的事,它完全超出了普通理智的范围。然而形而上学却只管后一种知识;而且求助于良知,让它来做证,这对于良知来说,乃是一个不良的征兆,因为良知在这里没有插言的余地,而且人们除非遇到为难的事,在思辨里不知道怎么办才好的时候,一般对它都是看不起的。

198 良知的这些假朋友们(他们偶然把良知捧上天,但是平常是很看不起它的)通常总是借口说:归根到底总得有一些直接可靠的命题才行,对于这样的一些命题,我们不仅没有任何证据可提供,甚至也没有任何话可说,因为否则就非刨根问底地一直追问我们的判断的根据不可。然而为了证实这种权威起见,除去矛盾律不算以外(因为矛盾律不足以指出综合判断的真实性),他们所能引证作为无可置疑的东西直接归给良知的就只有数学命题了,如二乘二等于四和两点之间只能有一条直线等等。然而这些判断同形而上学判断根本不是一回事。因为在数学里,凡是我所能设想为可能的东西,我都能够借助于一个概念,用我的思维本身做出(构造出)。我把后边的"二"一个个地加到前边的"二"上去,这样我就做成了"四"的数目;或者我在思想里从一个点到另一个点划出各种各样的线(相等的或不相等的),而我只能划出一条
199 各个部分都一样的线来。但是,即使用尽了我的全部思维能力,我也不能从一个东西的概念里得出另一个东西

的概念来，使后一个东西的存在性必然连结在前一个东西上。我一定要借助于经验，而且，虽然我的理智先天地（当然是永远有关可能经验地）提供给我像这样的一种连结的概念（因果性），但是我却不能像对待数学的概念那样先天地、在直观里展现这种概念，从而先天地指出这种概念的可能性。但是这种概念，以及它的使用原则，如果要先天有效（就像在形而上学里所要求的那样），就一定要求我们对它的可能性加以证实和推论，否则我们就不知道它的有效性达到多远，不知道它只能使用于经验之中呢，还是也能使用于经验之外。

因此在纯粹理性的思辨科学——形而上学上，我们永远不能求助于良知，除非我们被迫放弃它，抛弃全部思辨认识（这种思辨认识永远必须是一种理论知识），从而抛弃形而上学本身和它的教导（在某些场合上），以便采取一个合理的信仰，一个对我们来说唯一可能的、唯一可以满足我们的要求的（也许比知识本身更为有益的）信仰。因为那样一来，问题就完全两样了。形而上学不仅 200
整个必须是科学，而且在它的每一部分上也都必须是科学，否则它就什么也不是；因为形而上学，作为一种纯粹理性的思辨来说，所根据的只是一些总的看法。在形而上学以外，盖然性和良知固然有它们有益的、合理的使用，不过这种使用是根据一些完全不同的原则的，而这些原则的权威有多大，则永远取决于它们对实践的关系上。

以上就是我认为对一种作为科学的形而上学的可能性有权要求的东西。

附　　录

关于使形而上学成为实在的科学，能够做些什么

迄今所采取的各种办法都没有达到这个目的，并且如果事先不对纯粹理性进行批判，就永远达不到这个目的。由于以上原因，所以对于现在摆在大家面前的这个尝试[①]进行一种严谨、细致的审查，就似乎不算太没有道理，除非认为最好是对形而上学不再抱任何希望，而如果 201
是那样的话，只要大家非那样办不可，那我也不反对。

如果大家把事物的进程按照它实际是什么样子而不是按照它应该是什么样子来看待的话，那么就有两种判断可下：一种是**在研究以前下的判断**，在我们这种情况下，这就是读者从他自己的形而上学出发给《纯粹理性批判》下的判断，而《纯粹理性批判》本来首先应该是给形而上学寻找可能性的；另外一种是**在研究以后下的判断**，在这种情况下，读者可以把从这些批判的研究里得出来的、很可能同他原来的形而上学信念很有抵触的一些结论暂时放到一边，首先研究一下可能得出这些结论的根据。

① 指《纯粹理性批判》。——译者

如果普通形而上学所提出来的东西都是确定无疑的（就像几何学那样），那么第一种判断方法就是有效的；因为，从某些原则得出来的结论如果同既定的一些真理相反，那么这些原则就是错误的，用不着加以进一步的审查就要把它们抛弃掉。但是，如果形而上学不具有一大批十分靠得住的（综合）命题，甚至如果这些命题里边许多表面上看
202 来是最好的，但在其结果上却是互相抵触的，而且如果找不出什么真正形而上学的（综合）命题的真理标准来，那么第一种批断方法就是要不得的，但是对于《批判》一书，必须首先研究它的原则，然而才能判断它是否有价值。

在研究《批判》以前先对它下判断的例子

这样的一种判断见于《哥廷根学报》，1782 年 1 月 19 日，补编第三篇，第 40 页起。

一个熟知自己著作的主题并力求把自己的独立见解表现在主题著作中的著者，当他落到一个评论家手里，而这个评论家又有足够的敏锐眼光看得出著作是有价值的或无价值的所在之处，不去斤斤计较一字一句的得失，而是单刀直入，抓住主题的精神实质，不仅①限于审查、验

① “nicht bloss”（不仅）；那托尔卜（Paul Notorp，1854—1924，德国哲学家）的意见是“bloss”（仅仅）。——译者

证著者以之为出发点的原则，这时，判断的严峻固然有可能使著者感到不快，但对读者来说，这倒没有什么关系，因为他们从这里得到了好处；而且著者也可以认为满意，因为早一点通过一个识者的审查，这是给他提供一个很 203
好的机会使他得以改正或者解释他的论点，这样，如果他认为自己是基本正确的，他就能够及时地搬掉妨碍他的著作后来得到成功的各种绊脚石。

我觉得我和我的评论家则是处于完全不同的一种情况。他似乎完全不去着眼我所从事的研究（不管它成功也好，失败也好）的真正问题。这也许是由于他对这样的一个长篇大著不耐烦去深入思考；也许是由于他认为他早已摸得透熟了的这一门学问就要发生变革，因而使他气急败坏起来；也许是——这是我不愿去设想的——由于他的心胸实际上过于狭窄，这限制了他，使他的思想总是不能超出他的学院形而上学范围以外去。总之，他气势凌人地把一长串的命题走马观花地看了一遍，而这些命题，如果不知道它们的前提，是无法理解的，接着就随处乱加指责，而读者既不理解这些指责所针对的命题，也看不出它们究竟有什么道理，这样，这个报道既不能对于公众有什么用处，而且在一些识者的判断中也损害不了我一根毫毛。因此，对于这个判断，假如不是因为它可以给我提供一个机会使我得以做一些说明，以便在某种情况下使本《导论》的读者不致发生误解的话，我本来是 204

可以完全置之不理的。

这位评论家为了抓到一个观点，从那里他好最容易把全部著作放在一个对著者最不利的地位上而用不着费事去做什么特别研究起见，是用这样的话来开始和终结的："这个著作是一个超越的（或者像他所翻译的那样：高级的*）唯心主义体系。"

看了这句话，我马上就明白了这是怎样的一种评论。就好像一个从来没看见过也没听说过什么是几何学的
205 人，找到了一本欧几里得几何学书，当别人请他对这本书下个判断时，他翻了一翻，看见了一大堆图形，就说："这本书是一本绘画教本，著者用了一种特殊的语言，提供了一些晦涩难懂的规则，这些规则归根到底所能告诉我们的不过是每个人一眼就能看到的东西，……。"

然而，让我们看看，贯串我的整个著作的是一种什么

---

* 一点也不**高级**。高塔，以及像高塔一样的那些形而上学界的伟大人物们，一般是很招风的。但这没有我的份儿。我的位置是经验上的肥沃的**洼地**；而先验[①]这一词的意义虽然经我多次解释，却连一次也没有被这位评论家所理解（他对待一切事竟马虎到如此地步）。这个词并不意味着超过一切经验的什么东西，而是指虽然是先于经验的（先天的），然而却仅仅是为了使经验知识成为可能的东西说的。如果这些概念越出经验范围，它们的使用就叫做超越的使用，要把这种使用同内在的使用，即限制在经验范围之内的使用，区别开来。像这一类的一切误解，在著作本身里都已经充分地预防了，然而这位评论家竟在这些误解中捡到了便宜。

① transzendental（先验）和 transzendent（超越、超验）是表面相似但意义不同的两个词。康德是想说评论家把前一个词误认为后一个词了。——译者

样的唯心主义,虽然它在构成一个体系的精神实质上还差得很远。

一切纯正的唯心主义者,从爱利亚学派起一直到贝克莱主教止,他们的论点都包括在这样的一个公式里:"凡是通过感官和经验得来的认识都不过是纯粹的假象,只有在纯粹理智和纯粹理性的观念之中才有真实性。"

相反,一贯支配和规定我的唯心主义的原则是:"凡是单从纯粹理智或纯粹理性得来的对事物的认识都不过是纯粹的假象,只有在经验之中才有真实性。"

这同那种纯正的唯心主义正好相反。我怎么居然把 206
那种词句使用到完全相反的意图上去了呢?而这位评论家又怎么居然到处看到了这种相反的意思呢?

解决这个难题,假如人们愿意的话,取决于很容易就能从著作的总体中看出来的某种东西。空间和时间以及它们所包含的一切都不是物本身,或物本身的属性,它们不过是属于物本身的现象。到这里为止,我同上述的那些唯心主义者是具有共同的信念的。但是那些唯心主义者,特别是贝克莱,把空间看成是一个纯粹经验的表象,这个表象,就像它所包含的现象那样,只有通过经验或知觉才能和它的规定性一起被我们认知。相反,我首先指出,空间(时间也是这样,这是贝克莱所没有考虑到的)和它的一切先天规定性一起,能够被我们认识,因为它和时间一样,在一切知觉或经验之先出现给我们作为我们

的感性的纯粹形式，使一切感性直观，从而也使一切现象，成为可能。由此可见，由于真实性建筑在普遍的、必然的法则之上作为它的标准，那么在贝克莱看来，经验就
207 不能有真实性的标准，因为它的现象（在他看来）没有什么先天的东西做为它的基础，这样一来，现象就无非是假象；然而相反，在我们看来，空间和时间（连同纯粹理智概念）先天地给一切可能经验立法，同时并提供可靠标准以便在经验之中区别真实性与假象。*

我的所谓的（真正说来，是批判的）唯心主义是完全另外一种样子，因为它颠倒了普通的唯心主义，而且通过它，一切先天知识，甚至几何学知识，才第一次获得了客观实在性；而假如没有我推证出来的空间、时间的主观性，这种客观实在性是连最热心的实在论者都无法维持
208 得住的。既然如此，为了[①]避免一切误解起见，我本来希望给我的这种见解起另外一个名称；不过完全改变它又不行。因此请允许我将来把它叫做形式的唯心主义（就

* 纯正的唯心主义一向都有一种神秘主义的目的，而且也不可能有别的；而我的唯心主义则完全是以理解我们关于经验的对象的先天认识的可能性为目的的，这是一个至今从未得到解决甚至没有被提出过的问题。这样一来，全部神秘主义的唯心主义就垮台了，因为（就像我们早已在柏拉图那里见到了的那样）它们总是从我们的先天知识（甚至从几何学知识）中推论出与感性的直观不同的另一种直观（一种理智的直观），因为人们绝没想到感官也会先天直观。

① 施密特版是“nun”（现在），哈尔顿施坦版和舒尔茨版是“um”（为了）。——译者

像上面指出过的那样），或者更好一点，把它叫做批判的唯心主义，以便使它同贝克莱的教条主义的唯心主义和笛卡尔的怀疑论的唯心主义有所区别。

在对我的书的评论里，我再也看不出来什么值得注
意的东西。评论家东一点、西一点地做了一些笼统的判
断，这是费尽心机故意策划出来的一种方式，因为从评论
里既看不出他自己的有知，也泄露不了他自己的无知。
只有接触到对主要问题的详尽、细致的判断（本来应该
这样）的时候，才能暴露出也许是我的错误，也许是评论
家在这一类研究中的知识水平。再说，读者们都是习惯
于从报纸的报道里形成他们对于书的看法的，为了及早
地打消读者们想亲自读一读这本书的愿望起见，这倒是
想得不坏的一个伎俩：首先把大量的段落接连不断地一
口气端出来，而这些段落一离开上下文以及伴随它们的
证明和解释（尤其是当这些段落对一切学院形而上学抱
有反感的时候），就一定显得非常荒谬；然后，把读者们 209
的耐心消耗到使他们感到厌烦的程度，接着，在让我认识
“持久的假象就是真理”这一煞费苦心的命题以后，就用
一种严厉的然而是慈父般的口气教训我说：跟一般通用
的语言闹别扭，有什么好处呢？为什么要把唯心主义做
出区别来呢？这种区别从哪里来的呢？把我的这本不如
说是形而上学造反派的书的一切独特之处，说成仅仅是
术语新奇，这样的一种判断就清楚地证明了我的这位冒

充的评判人什么也没有懂,尤其是连他自己也没有懂。*

这位评论家却摆出来一副自以为具有一些了不起的高尚见解而又不愿拿出来的姿态说话;因为在形而上学方面最近以来我还没有看到有什么东西能说明他使用这种口气讲话的理由。虽然如此,他也不该不把他的发现
210 公之于世,因为毫无疑问,有不少人和我一样会看到,尽管很久以来在这方面写出了不少的好东西,但是这门科学并没有因此得到哪管是一指宽的推进。我们固然可以找到一些东西,比如定义更加精练了,瘸了腿的证明得到了一些新的拐杖,形而上学的破衣加上了一些新的补丁,或者改变了式样;这些都不错,但都不是大家所要求的。大家对形而上学主张都感到厌倦了;大家要求的是这门科学的可能性,是能得出可靠性的根源,是区别真实性与纯粹理性的辩证假象的可靠标准。对于这些,这位评论家应该是掌握了解决问题的关键,否则他绝不会用这样了不起的口吻讲话的。

但是我很怀疑,对这门科学的像这样一种需要,恐怕

---

* 评论家经常是无的放矢。当我把经验的真实性同梦对立起来的时候,他决没有想到我在这里说的不过是伏尔夫哲学中著名的 somnio objective sumto〔被客观解说了的梦〕,这仅仅是形式的梦,而且也并不牵涉到睡梦与清醒之间的区别,何况那种区别在先验哲学里是根本谈不到的。其次,他把我的范畴演绎和理智原则表说成是“用唯心主义方式表示的人所共知的逻辑原则和本体论原则”。读者们在这一点上只要参考一下本《导论》就可以相信没有比像这样的一种判断更可怜、更是历史性错误的了。

他连想都没有想过，因为否则他会把他的检查放到这一点上，而且在这么重要的一个主题上，即使尝试失败了也还是会受到人们的尊敬的。如果是那样的话，我们还是会成为好朋友的。在形而上学里，他的思想深入到多远 211
都可以，没有人阻拦他；不过，对于形而上学以外的东西，比如说形而上学的源泉，那是理性里边的东西，他不能妄加评论。但是我的怀疑并不是没有根据的，证据是：他没有一句话提到先天综合知识的可能性，而形而上学的命运，就是完全建筑在这个特殊问题的解决上的，我的《批判》（本《导论》也是这样）也正是要达到这一目的的。他所碰上而无法摆脱的这种唯心主义是作为解决这一问题的唯一办法而成为学说的（虽然还有别的理由来证实它）；因此他本来应该指出：要么是这个问题并不像我说的那么重要（就连在本《导论》里也是那样），要么是我对现象的看法绝对解决不了这个问题，要么是用别的方法使这个问题得到更好的解决；但是关于这些，我在他的评论里没有找到一句话。由此看来，我的著作，这位评论家一点也没有懂，甚至也许连形而上学本身的精神实质也一点没有懂；但愿这不是因为他为重重困难所苦而大为恼火，于是拿摆在他面前的这部著作出气，把它的基本要 212
点弄得糊里糊涂。

一个学报，尽管它在精选它的撰稿人方面付出了多少努力，然而为了能够维持它的应得的名誉起见，无论是

在形而上学方面,或者是在别的方面,还是有很多事情要做的。别的科学和知识部门都有它们的衡量尺度。数学的衡量尺度存在于数学本身里;历史和神学的衡量尺度存在于世俗书或者圣书里;自然科学和医术的衡量尺度存在于数学和经验里;法学的衡量尺度存在于法律书里;即使有关滋味的东西的衡量尺度也存在于前人的例证里。但是对于判断像名叫形而上学的这种东西,衡量尺度首先还有待于去寻找(我曾试图规定这种衡量尺度和它的使用)。在找到这个衡量尺度之前,假如说一定要去评论这一类的著作的话,那么应该怎么办呢? 如果这些著作是属于教条主义之类的,那么人们爱怎么办就怎么办;在这里谁也不能对其他人作威作福多久,有人会出来以其人之道还治其人之身的。然而,如果这些著作是属于批判之类的,当然不是判断其他著作,而是批判理性
213 本身,那么判断的衡量尺度就不能是去采取,而是首先要去寻找,在这种情况下,虽然反对和指责是可以被容许的,但是必须建筑在和解精神的基础上,因为这是有关大家的共同需要的问题;而且由于缺少必要的知识,因此蛮横态度是不能容许的。

然而为了把我的辩护和哲学共同体的利益结合起来,我建议举行一个考试,这个考试在方法上是有决定意义的,通过它,就可以指引一切形而上学研究走向它们的共同目的。这个考试同数学家所用的办法没有两样,即

通过比赛来决定看谁的方法更好一些。这就是说，我向我的评论家挑战，我请他按照他的办法，当然应当根据先天原则，来证明他所提出的真正形而上学的、亦即综合的、通过概念而先天认识的、但无论如何是最必不可少的命题之中的任何一个，比如实体的常住性原则，或者世界万事万物都是为其原因所规定的这一原则。如果他做不到这一点（不说话就等于默认），那么他就必须承认：既然像这一类的命题如果没有一个无可置疑的可靠性，形而上学就一钱不值，那么就应该首先把这些命题的可能
性或不可能性通过一种对纯粹理性的批判建立起来，从 214
而他就不得不要么承认我在《批判》一书中的原则都是正确的，要么证明这些原则都是毫无价值的。但是我已经预见到，尽管他直到现在对他的那些原则如何信之不疑，可是当问题在于认真举行一次考试的时候，他在形而上学的整个领域内是连一个可以大胆提得出来的原则都找不出的。因此我将把在比赛中所能期望的一个最有利的条件让给他，即把 onus probandi〔提出证据的责任〕给他免掉，放在我的身上。

他在本《导论》里以及在我的《批判》里（426—461页[1]）找到八个命题，其中都是两相矛盾的，但是每一个

① 德文第二版第 454—489 页；商务印书馆 1960 年中文译本第 330—351 页。——译者

命题都必然是属于形而上学的，形而上学对每一个命题都必须要么承认，要么否定（虽然没有哪一个不是在当时曾经为某一个哲学家所赞成过的）。现在他可以随便从八个命题里任选一个，把它承认下来而不必去证明，这个证明，我可以给他免掉，不过只要一个就行（因为浪费时间，对于他和对于我都没有好处），然后对我的反面命题的证明进行攻击。如果我能维护得住这个反面命题，
215 并且从而能够指出：按照任何教条主义的形而上学所必然承认的一些原则，也同样能够清清楚楚地证明他所采取的命题的反面，那么就说明形而上学天生有它的缺陷，这个缺陷既无法解释，更不能排除，除非追溯到它的出生地——纯粹理性本身上去；而这样一来，对我的《批判》就必须要么接受，要么用一个更好的来代替；至少必须去研究，这是我目前唯一的要求。反之，如果我维护不住我的证明，那么从教条主义的原则建立的一个先天综合命题就站得住脚了，我的论敌就算赢了，从而我对普通形而上学的指控就算不正确了，这样我将保证承认他对我的《批判》的指责是正当的（虽然这绝不应该是它的结果）。不过，为了达到这个目的，我认为他必须**放弃他的匿名**，否则我看不出怎么可以避免以下的事实，即我有幸或者被迫去对待的将不只是一个问题，而是来自一些不知其名的、但是不够资格的论敌们的更多的问题。

建议先研究《批判》，然后 216
再对它下判断

尊荣的读者们长期用沉默来惠助我的《批判》，对此我深为感激，因为这种沉默证明判断推迟了，也证明这样一个假定，即当一本著作放着一切熟路不走却去走一条一下子不知道怎么走好的新路时，它很可能含有某种使人类知识的一个重要的、然而目前是死了的部门得以新生和丰产的东西，从而也证明对这枝嫩芽的爱护，使它免于被一种迫不及待的判断所折断和摧毁。由于上述动机而推迟了的一个判断的例证直到现在才见于《哥达学报》，这个判断之深刻（用不着我来称赞，因为那是会有嫌疑的），每个读者自己从作者把有关我的著作的基本原则的一段介绍得多么清楚、多么忠实上都可以看出来。

既然一个巨大的建筑物不能一眼就能断定得了它的全部价值，那么我建议从它的基础上一部分、一部分地对 217
它进行考察，这样，目前的这本《导论》就可以当做一个大纲来用，原著本身在必要时可以拿来同它参照。这个希望如果仅仅是出于我自己的幻想，比如由于虚荣心作怪，人们通常总是把自己的一切作品都认为是重要的，那么就很不谦虚了，因而值得加以鄙弃。不过，全部思辨哲学目前的情况是：它已经达到了即将完全消灭的地步，虽然人类理性还以永远消灭不了的感情来牵住它不放，而

这种感情仅仅由于遭受了不断的失望之后，现在才徒劳无益地试图改变为漠不关心。

在像我们这样的一个思考的时代里，我们不能设想许多有才能的人，只要存在一线希望，会不去利用一切好机会为不断前进的理性的共同利益而工作的。数学、自然科学、法律、艺术、甚至道德学等，都没有完全满足精神的需要；永远有剩余的空地留给纯粹的、思辨的理性，这
218 种空虚使我们不得不在诙谐滑稽、胡言乱语、或者神奇古怪里去寻找表面上似乎是有事可做和娱乐，而实际上不过是消遣的东西，以此来窒息理性的苦闷呼声。理性，按其本性来说，是要求某种东西来满足它自己，而不是单独为了别的目的或爱好之用的。因此仅就理性是为满足它自己来说，我很有把握设想，这对每一个打算开阔他的知识的人，都有很大的魔力，我甚至可以说，有比其他任何理论知识都大的魔力，人们不会甘心情愿地拿它同其他的理论知识交换的，因为其他一切知识，甚至一切目的，都必须在这里结合起来成为一个整体。

但是，我把本《导论》提供出来是作为研究的提纲和线索用的，而不是作为原著本身；因为，虽然在有关内容、次序安排和表现方式上，以及在写出之前我在斟酌每一句话上所花费的努力来说，我甚至到现在还是对原著本身完全满意的（因为，为了使我自己完全满意，我不仅在
219 整体方面，有时甚至对于一个个别命题的源泉方面，都下

了多年的功夫），然而对于《元素论[1]》的某些章节里的讲解上，比如在《理智概念的演绎》上，或在《纯粹理性的错误推论》上，我却并不十分满意，因为在某种程度上写得过于啰嗦，这弄得这些章节反而不清楚了。可以用本《导论》里有关这些章节所讲的东西作为检查的基础。

人们称赞我们德国人，说我们总是比别国人坚韧顽强得多。如果这个意见有根据，那么现在就出现一个机会去从事一种事业，这种事业的美好的前途是无可怀疑的，在这上面每个善于思考的人都同样有份，虽然大家直到现在在完成这种事业以及在证实上述的有利意见上并没有取得成就；特别是，所说的这门科学越是特别，就越能够一下子达到圆满的完成，达到这样的**稳定状态**，即它绝不能有丝毫的开展，并且即使由于后来的发明，也既不能有所增加，也不能有所改变（不包括为了使它更加明了而做的修饰，或者为了各种目的而做的一些有用的补充），这是任何别的科学所没有也不可能有的优点，因为 220
没有别的科学是像它这样有关完全孤立、不依靠其他科学、同其他科学毫无混同之处的认识能力的。甚至目前的时机对我所期待的事业来说，也并非没有好处，因为目前在德国，除了所谓实用的科学以外，不是仅仅为了娱乐，而是为了一种具有持久目的的事业，可以说谁都不知

[1] 异译：“原理论”。——译者

道干什么才好。

至于如何使学者们的各种努力都针对这样的一个目的而结合起来，并且为此而寻找办法，我想这件事必须让别人去做。同时我也并不打算去要求任何人完全按照我的意见去做，甚至也不抱这样的幻想。不过，根据情况，接着就会出现下面的一些事情：开头、返工、缩小，或者核对、补充、扩大。只要问题在于从基础上考察，那么不可避免地就会建立起来一个体系（虽然不是我自己的），这个体系将会留给后代，而后代对它也会理所当然地感激不尽。

221 批判的原则一建立起来，首先指出经过批判之后所期待的是哪一种形而上学，以及在拔掉它的假羽毛之后它如何并不因此表现出一副可怜相，一副微不足道的形态，反而在另外一方面被装饰得富丽堂皇，令人肃然起敬，这说起来话就长了。不过，从这样的一种改革而产生的另外的巨大的好处却是一望而知的。普通形而上学曾经在研究纯粹理智的基本概念方面有过用处，使这些概念通过分析而明确起来，并且通过说明解释而得到规定，因此普通形而上学对于理性来说变成了一种锻炼，不管它〔理性〕后来认为往哪个方向去好。然而普通形而上学的功劳也就到此为止。因为它推崇用狂妄的主张进行臆断，用狡猾的手段和表面的东西进行诡辩，用一点学院式的聪明以轻率的态度来对待最困难的问题，特别当它

有时从科学的语言里随便捞取一点东西，有时又从普通的言论里随便捞取另外一点东西时，这种轻率的态度就更显得有诱惑力，每个人都认为它什么都好，而实际上它却一钱不值，这样一来它就把它上述的功劳一笔勾销了。相反，批判给我们提供一个判断的尺度，根据这个尺度，真知就可以同假知确然分别开来，并且在形而上学里充 222
分运用之后建立起来，成为一种思想方式，这种思想方式然后就把它的有益影响扩展到其他每一个理性使用上去，并且第一次地注入了真正的哲学精神。形而上学对神学的功劳也不能低估。形而上学使神学从教条思辨的判断中解放出来，从而完全保证它能够对抗这一类的一切论敌的攻击。因为普通形而上学虽然曾经答应给神学很大帮助，却没有能够实践它的诺言；而且，由于它求助了思辨的教条主义，它除了武装了敌人来反对自己之外没有做什么事情。神秘主义在启蒙时期之所以能够兴起，就是因为它隐藏在一种学院形而上学背后，在这样一种体系保护之下它就敢于好像用理性来胡说八道。批判的哲学把神秘主义从它的这一最后的隐蔽所里驱逐出去了。除此之外，对于一个形而上学教师来说，大家公认他所讲的归根到底是**科学**，并且给〔哲学〕共同体带来了真正的好处，这也不能不算是一件很重要的事。

译 后 记

《任何一种能够作为科学出现的未来形而上学导论》(以下简称《导论》)是康德哲学著作中一本相当重要的书。它是《纯粹理性批判》(以下简称《批判》)的缩写本。《导论》的篇幅虽然不大,但它包含康德哲学体系最主要的观点,比起原著来,它有这样的特点:简明扼要,比较浅显;在问题的提出和阐述上,语句比较简练,开门见山,单刀直入;在主题思想上一语道破,容易给读者一种明确的概念,避免产生误解。在《批判》里容易被人误解的地方,在《导论》里大都做了解释。另外,在《导论》里也增加了一些在《批判》里没有的内容,这些内容在《批判》印行第二版(1787年)时大半增补进去了。当然,对于专门研究康德哲学的人,光读《导论》还嫌不足,特别是在有关证明和需要解释的地方,都没有提到。因此,还应该读一读《批判》本身。不过,读了《导论》再读《批判》,会感到省力多了。

《导论》的德文原版是1783年在里加出版的,1794年和1795年又分别在莱比锡和格拉茨印刷了一次。这以后有过很多版本,如:

罗森克兰茨(Rosenkranz)版,1838年;

哈滕斯坦(Hartenstein)版,1838 年,1867 年;

基尔希曼(Kirchmann)版,1870 年,1876 年,1893 年;

埃德曼(Erdmann)版,1878 年,1903 年,1911 年;

舒尔茨(Schulz)版,1888 年;

福尔伦德(Vorländer)版,1905 年,1920 年;

卡西雷尔(Cassirer)版,1922 年;

施密特(Schmidt)版,1927 年。

此外,格里洛(Grillo)和叔本华也分别于 1795 年和 1837 年做了校勘;特别是法依欣格尔(Vaihinger)于 1879 年指出:《导论》原版里有几页排错了位置,这个发现很受哲学界的重视,1879 年以后的各版里都提到了,施密特并且根据这个意见,在他的 1927 年版本里做了订正。

康德以前的德国哲学家莱布尼茨(1646—1716),他的著作和信件大都是用拉丁文和法文写的。正式用德文写作并且创造了大批哲学上的德文术语的是伏尔夫(1679—1754),虽然他的部分著作还是用拉丁文写的。比伏尔夫晚生了四十多年的康德,他的一部分著作也还是用拉丁文写的。在康德的年代里,德文的语法规则看来还不是像后来那样严谨,而且由于受了东普鲁士的德语发音上的影响,康德在用字的拼写上有些地方也是独特的,再加上印刷上的许多错误,这就使《导论》的不同版本出现许多异体字和异文,因而造成了各版本的分歧。比如在第二十三节至第二十六节中,这种分歧竟达二十四处之多,其中最重要的有“Grundes”(基础的)和“Grades”(度的)、“Grösser”(更大的)和“Grössen”(大小、量)等等,这些差别不仅是词本身的意义不同,而且有时牵涉到句子甚至几个相关联的句子都随之而改变了意

思。这也是为什么各种文字的译本由于所根据的不同德文版本（再加上译者个人对德文原著中句子的不同理解）而产生了很多分歧的缘故。

在《导论》中文译本翻译的过程中，我起初根据的是卡勒斯（P. Carus）的英文译本，后来又和吉勃兰（J. Gibelin）的法文译本、巴克斯（E. B. Bax）的英文译本核对了一遍。由于这几种译本出入比较多，特别是感到这样重要的一本著作应该以康德本人的德文原著为准，于是又按德文施密特版本逐字逐句核对了一遍，在核对的过程中，也参考了德文埃德曼版本和舒尔茨版本，与此同时，看到贝克（Beck）的英文译本，就也参考了这个新英译本；在德文各版本出入比较大，特别是牵涉到不同意义上的地方，我都在注解中指了出来。至于两种英文译本和一种法文译本与德文版出入的地方，因为感到必要性不大，避免烦琐，我都没有再作注明。此外，在《导论》和《批判》的提法不同的地方，为了便于对照或有必要作补充说明起见，我适当地引证了《批判》作为注解。

《纯粹理性批判》于1780年刚刚出版，为什么到第二年，康德就接着又写《导论》？读过《纯粹理性批判》的人都知道，这部书很不容易懂，其中主要原因是：一、该书用的“教授讲座式”的写法，从头到尾都使人感觉到有那么一股学究气味，这样一来，篇幅就不免拉得很长，使读者不容易抓住要点；二、该书很多部分都是康德把他在1769年到1780年期间所发表的文章、手稿和讲稿，汇总在一个巨大的哲学体系里，为了急于出版，仅在四、五个月的短促时间里编纂出来，因而重复和前后不一致的地方不时出现；三、特别是在哲学术语方面，有很多不是当时习惯的用法，而

是康德自己独创的新义——旧词新用，这就非常容易使读者误解康德的原意。基于以上种种原因，在《批判》出版之后，康德自己也感到有另写一个通俗本的必要。恰好这时，1782 年 1 月 19 日的一期《哥廷根学报》上刊登了一篇关于《纯粹理性批判》的书评，这个书评促成了康德的决心。

书评的作者用的是笔名，后来据说是当时德国一个哲学教授、折中主义学派（该派调和经验论和唯理论）的一个代表、德国 18 世纪启蒙运动者伽尔韦（C. Garve，1742—1798）。我没有看到这个书评，不过从康德自己在《导论》的“导言”和“附录”里引述的内容来看，书评的主要内容是说《批判》一书过于冗长、干燥，用语独特、晦涩，不通俗，令人费解；说这种哲学是“一个超越的唯心主义体系”，实际上不过是贝克莱主观唯心主义的翻版，没有什么新的东西，等等。康德看了这个书评，大为恼火，于是立即动笔写一本内容和《批判》基本相同、但简明扼要的“通俗本”。这个“通俗本”就是这本《导论》。

实际上伽尔韦误解了康德，因为康德自己也是折中主义者，他不仅调和经验论和唯理论，而且调和唯物论和唯心论，调和科学和宗教，使二者妥协起来。因此在消除了误解之后，从两人来往的书信来看，他们终于成了朋友。

康德给这本所谓《纯粹理性批判》的“通俗本”起了一个冗长的名称，叫做《能够作为科学出现的任何一种未来形而上学导论》。由于这个书名太长不好叫，自该书出版以来人们一直把它简称为《导论》（Prolegomena）。形而上学（不是在与辩证法相对立的意义上，而是在古典的意义上）所对待的基本问题是灵魂、世界和上帝。康德认为这些问题自亚里士多德起两千多年来始终没有得到解决,因而形而上学始终没有成为科学;特别是近代由于教条主义和怀疑论给形而上学起了很坏的作用(康德认为教条主义说了等于没说,怀疑论什么都不敢说),形而上学已经成为人们所厌弃的东西,“形而上学家”也已经变成了很不光彩的称号。因此康德断言,形而上学“要么是科学,要么就什么都不是”,以往和现有的各种形而上学并不算真正的形而上学;真正的形而上学现在还没有建立起来。不过,由于人类理性要求解决这样的一些问题,否则人类理性就永远得不到满足,因此将来必须建立起一种作为科学的形而上学。

为了建立这样一种形而上学,康德认为必须先做好准备工作,这就是首先应该对人的认识能力(理性)做一个批判性的研究,看看它是否有能力并且究竟有多大能力来担当起这样一个任务,以免重新陷入教条主义或怀疑论的泥坑。因此看来“纯粹理性批判”原来就是作为“能够作为科学出现的任何一种未来的形而上学的导论”而写的,只是到写《导论》时,才直接用来作为书名了。这样,《导论》就有了双重意义,它一方面是《纯粹理性批判》一书的“导论”(即“纲要”、“预习课”的意思),一方面又是未来的、真正的形而上学的“导论”。

康德的著作之所以费解,有的地方被误解,其中一个主要原因是,他所使用的哲学术语,有许多与西方哲学史上传统的用法意义不同,与马克思主义哲学所使用的术语的意义有些更有很大的区别,所以,我们现在来读它,自然又增加一层困难了。

举几个术语为例来说:

1.“形而上”、“形而下”。形而上学在这里是用的古典的意思(不是与辩证法相对立的意思),指对灵魂不灭和上帝存在等问题从理论上进行研究的学问。康德给这词下的定义是:形而上学知识是从理性得来的全部知识,这种知识完全是从概念出发的,既不借助于经验,也不借助于空间和时间等直观。

相反,形而下知识不是从理性,而是从理智和感性得来的知识,这种知识既要借助于经验,也要借助于空间和时间等直观。

中文这一对词是根据我国古代《易·系辞》里"形而上者谓之道,形而下者谓之器"这句话翻译过来的。

2."纯粹理性批判"中的"纯粹"是不掺杂任何经验的成分;"批判"是为了判断一个原则或一个事实的价值而进行的检查。因此,"纯粹理性批判"的意思就是对于不掺杂任何经验成分的理性的检查,看看它的认识能力究竟有多大。

3."感性"、"理智"、"理性"。这是人的认识能力的三个阶段。"我们的全部知识都是从感觉开始,经过理智,最后达到理性。"(《批判》第一版第 298 页,第二版第 355 页,中文译本①第 245 页)

"感性是按照对象所感染我们的样子而接受表象的能力(接受力);对象是通过感性而表现给我们的。"(《批判》第一版第 19 页,第二版第 33 页,中文译本第 47 页)感性有形式和材料之分。它的形式是空间和时间;它的材料是感觉。感性之所以按照对象所感染我们的样子,这是因为"感性并不表象自在之物本身,而只表象自在之物的现象"(《导论》"附释一")。因此"感性世界的一切对象仅仅是现象"(《导论》"附释三")。

理智是思维的能力,它的作用在于判断。在判断的过程中,

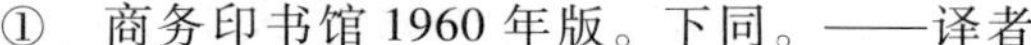

① 商务印书馆 1960 年版。下同。——译者

它是用感性所提供的现象作为材料，同时用它本身的概念（范畴）作为形式，用这些形式把材料统一起来而成为经验。因此，“理智是一种通过规则把现象统一起来的官能。”（《批判》第一版第 302 页，第二版第 359 页，中文译本第 247 页）理智概念虽然是理智本身的（先天的）概念，但这些概念仅仅使用在经验上。它们“一旦离开了经验的对象而涉及自在之物时，就毫无意义。……一旦超出经验，这些原则就成为毫无客观实在性的任意结合”。（《导论》，第三十节）所以，理智和理性不同。

理性这一词的意义，康德的用法自己也并不一致，有时是按哲学上传统的用法，在这种意义上，是广义的，它包括理智，指人类全部认识、理解的作用，相当于马克思主义哲学关于人的认识的“理性阶段”；但绝大部分场合是狭义的，即康德所特别给的意义，在这种意义上，它是比理智更高一级的认识阶段，专门对待理智所提出的、超出经验以外的问题。理智所对待的只是经验以内的认识；但理智能提出有些是不能为经验所证实的东西，比如灵魂不灭、世界整体、上帝存在，这时就由理性把这些问题接过去加以对待，不过这些问题都是完全超出经验的，因此它们的解决只能建筑在假定之上。“理性，按其本性来说，是要求某种东西来满足它自己，而不是单独为了别的目的或爱好之用的。”（《导论》182 页）这样的“理性”是马克思主义哲学中根本没有的。

理性如果完全是关于认识的，就是“理论理性”或“思辨理性”；如果是关于道德规律的，就是“实践理性”。

4. “先天”（a priori）、“后天”（a posteriori）。这一对词在西方中世纪有其特殊的用法；近代的意义是：1. 来自经验并且根据经验的知识，叫做“后天知识”，反之是“先天知识”；或者 2. 先于经验的观念或知识叫做“先天观念”或“先天知识”。康德对这一对词的用法,其意义与上述不完全相同。“后天知识”是根据个人、一时的知觉得来的知识,它不具有必然性和普遍有效性;“先天知识”是对于一切人、一切可能情况都适用的必然的、普遍有效的知识。先天知识和天生的、人脑所固有的“天赋观念”不同,因为在康德看来,先天知识不是人一生下来就有的现成观念,而仅仅是能够适用于一切经验的必然性和普遍有效性。这一对词在中文是根据我国古代《易·象传》中“先天而天弗违,后天而奉天时”译的。

5.“直观”(Anschauung)、“经验的”(empirisch)、“经验”(Erfahrung)。

德文 Anschauung 一词在英文、法文里普遍译为 Intuition。但 Intuition 基本上有两个意思,中国按照两个不同意思分别译为“直觉”和“直观”。直观(Anschauung),在康德是对一个对象的直接观察,也是这种直接观察所得到的印象、知觉,同时又是经由这种直接观察所得到的对象。因此直观一般说来都是属于感性的,也叫“感性直观”。感性提供给我们的对象有时是后天的,经过“经验的直观”,所得的是对对象的知觉;有时是先天的,经过“纯直观”(或“先天的直观”),所得的是对对象的形式,即空间和时间。因此空间和时间有时也叫直观。直观有时是属于理智的,叫做“理智的直观”,通过它,可以把客体的存在提供出来;但“客体”本身是什么样子,由于我们缺少“理性的直观”,所以是不可知的。总之,康德在“直观”的用法上是多种多样的,应该在不同的情况下具体体会它的意思。

经验的(empirisch),不是经验(Erfahrung)的形容词,千万不

要误解。“经验的”是从感官直接知觉到的东西，不成为经验。（参见《导论》第十八节）

经验（Erfahrung），不单纯是经验的（empirisch）知觉积累，它是远远超过知觉并且给经验的判断以普遍统一性的东西。（参见《导论》第二十六节）经验等于直观加上判断：直观是属于感性的东西，而判断是属于理智的东西。（参见《导论》第二十一节乙）

6. 内在的（immanent）、超越的（超验的）（transzendent）、先验（Transzendental）。

“内在的”，是指完全限于经验之内说的，与内在论所使用的“内在”不同。“内在的原则”，是指只应用于经验界以内的原则；“内在的使用”，指这些法则只使用于经验界以内。

“超越”（“超验”），指超出一切可能经验界限以外。“我们把完全应用于可能经验的限度以内的原则叫做‘内在的’原则，把超出这些界限的原则叫做‘超验’的原则。”（《批判》第一版第296页，第二版第352页，中文译本第243页）在康德看来，超越（超验）的东西是不合法的。

“先验”这一词在康德的哲学著作里是相当混乱的。超越和先验这两个词原来是一个字源，首先把它们分开的是康德。先验是虽然不来自经验但也不背于经验并且对于经验有效的东西，并没有“完全在经验以外”或“先于经验”的意思。康德说：“我把一切绝不是有关对象，而是一般有关我们对对象的先天概念的知识，称之为先验的知识。”（《批判》第一版，第11—12页）（《批判》第二版第25页改为：“我把一切绝不是有关对象的知识，而是一般有关对象的认识样式的知识称之为‘先验的知识’，就这种知识必须是先天可能的而言。”）因此“先验”是指一切对经验和对象的先天形式、先天原则等必然关系的研究，如先验哲学、先验逻辑论、先验分析论，……。

康德有时也把“先验”一词用做与“超验”相近的意思上去。当内在的原则应用到经验界线以外，即应用到自在之物上去，而不是应用到现象（即可能经验的对象）时，就叫做“先验的使用”。（参见《批判》第一版第238页，第二版第298页，中文译本第210页）不过它和“超越”（“超验”）仍然是不同的。“一个原则抹杀这些界线甚至强行越过这些界线，叫做‘超验’的。”而“先验的使用或在范畴上错误的使用，是不小心越出经验的界线。”（《批判》第一版第296页，第二版第253页，中文译本第243—244页）因此康德强调说，二者是“不可互换的”的名称。

7.“自在之物”、“客体”、“对象”。

“自在之物”（Ding an sich），是我们只知其存在而不知其本来面貌的本身自在的物。“作为我们的感官对象而存在于我们之外的物〔自在之物〕是已有的，只是这些物本身可能是什么样子，我们一点也不知道，我们只知道它们的现象，也就是当它们作用于我们的感官时在我们之内所产生的表象。因此无论如何，我承认在我们之外有物体存在。”（《导论》“附释二”）“事实上，既然我们有理由把感官对象仅仅看做是现象，那么我们就也由之而承认了作为这些现象的基础的自在之物，虽然我们不知道自在之物是怎么一回事，而只知道它的现象，也就是只知道我们的感官被这个不知道的什么东西所感染的方式。理智由于承认了现象，从而也就承认了自在之物本身的存在。”（《导论》第三十二节）

“客体”（Objekt）和“对象”（Gegenstand）这两个词在英文、法文都统一译为 Object 和 Objet,《批判》的中文译本也都译为“对象”。其实在康德的用法,这两个词是有分别的:Objekt(客体)是指自在之物说的,而 Gegenstand(对象)是指自在之物感染我们的感官而产生的现象说的。不过,康德自己在这两个词的分别上用得也不十分严谨,在个别场合,Objekt 也按一般的用法作对象的意思用。

8. 本体和现象。

“本体”(Noumena),和“本体论”(Ontologie)的“本体”不同。但中文一时还没有更恰当的词来译,因此暂时还译做“本体”。康德自己对这一词的解释是:“言过其实的客体”,是“纯粹理智的产物”,是纯粹由于思维想出来的“思想的产物”。不过康德不仅把这一词用做纯粹主观上的意义,同时也用在客观上的意义,即“自在之物”本身。

“现象”(Phänomena、Erscheinung),就是对象。(参见《导论》第十一节)凡是可能经验的对象都是现象。即凡是出现在时间里或空间里由范畴连结起来成为一定关系的东西,都是现象。自在之物是不可知的;可知的是它通过我们的感性和理智所现之象。在康德看来,我们所认识的都是现象界,在现象界背后作为它的基础的是本体界。

9. 理念。

“理念”(Idee)是理性提供出来的概念,也叫做“理性概念”,它的对象是不能在任何经验中提供的。理念是“一个不是在经验的连结、经验的秩序和经验的统一性中想出来的存在体,它是一种纯粹的假设。”“这种假设是必要的”,比如“我们一定要设想一个非物质性的存在体”,因为不这样,“理性就得不到满足”,

“理念永远不能实现”。(参见《导论》第四十节、第五十七节、第五十八节)

10. 设想。

Ideal 在康德不是“理想”,而是“设想”。“理想”是一定能够实现的行动目标。反之,“设想”仅仅是一种假设,它“似乎比理念更进一步脱离客观实在性。我把设想理解为理念,它不仅是具体的,而且是个体的,即一个个体的东西,……只有理念才可以规定它。”(《批判》第一版第 568 页,第二版第 596 页,中文译本第 412 页)“理性为其自身设想出一个对象,它把它视为应该完全可以按照原则规定的东西;为了规定它而要求的条件并不能在经验中找到,而且它的概念因而也完全是超越的。”(《批判》第一版第 571 页,第二版第 599 页,中文译本第 413—414 页)

11. 辩证法。

“辩证法”(Dialektik),在康德的用法上和我们马克思主义哲学上的意思不同,康德把辩证法称之为不合理的虚假推论,他把它定义为“假象的逻辑”(或“辩证的假象”)。假象有三种:逻辑的假象、经验的假象和先验的假象。先验的假象是把经验之内的条件用在经验之外去所产生的假象,如“世界在时间上有始”这一命题,时间是经验中的感性形式,而世界整体是经验不到的,因此得出来的结果必然是“假象”。

“先验的辩证法”是对这种假象的研究。

应该怎样看待康德哲学的实质?

我们知道,德国古典哲学是马克思主义三个来源之一,而德国古典哲学就是由康德哲学开始的。马克思、恩格斯和列宁都把德国古典哲学摆在非常重要的地位。**“马克思和恩格斯不只一次地指出，他们的智慧的发展，有很多地方得益于德国的大哲学家，尤其是黑格尔。恩格斯说：‘没有德国哲学，就不会有科学的社会主义。’”**（列宁：《弗里德里希·恩格斯》，《列宁全集》第2卷，人民出版社，第5页脚注）**“在法国发生政治革命的同时，德国发生了哲学革命，这个革命是由康德开始的，他推翻了前世纪欧洲各大学所采用的陈旧的莱布尼茨的形而上学体系。”**（恩格斯：《大陆社会改革运动的进展》，《马克思恩格斯全集》第1卷，人民出版社，第588页）**“德国哲学从康德到黑格尔的发展是连贯的，合乎逻辑的，必然的，——如果可以这样说的话，以致除了上面提到的体系而外，其他任何体系都是站不住脚的。”**（同上）马克思、恩格斯的经典著作里多次提到康德，特别是列宁在他的《唯物主义和经验批判主义》这本重要的马克思主义经典著作中用了很大的篇幅批判了康德，并且非常有力地驳斥了形形色色的唯心主义者和马赫主义者对康德哲学的误解和有意的歪曲。由此看来，弄清德国古典哲学对于了解马克思主义哲学的产生是重要的。

怎样读懂康德最重要的哲学著作《纯粹理性批判》，我自己是有沉痛的体会的。当时，新康德主义柯恩（Cohen）学派流行，一些康德研究者不少是按照柯恩的意思来“修正”康德的；况且，当时还缺少西方哲学术语的统一译名，尤其是康德用的主要术语又和传统的意义不同，比如有的人常讲 Gegenstand，我慢慢体会才知道这就是“对象”，但是，当时一些研究者是按照柯恩的意思把“对象”和“客体”（这两个术语当时中国还没有正式译名）混为一谈的，而且什么是“先天”？什么是“先验”？二者的分别究竟在哪里？他们都弄不清楚，当时我只能按照朱熹的一句话“闭门

造车，出门合辙”的意思来慢慢体会。一直到多年以后有机会读到了伟大导师列宁的《唯物主义和经验批判主义》，再读康德的《纯粹理性批判》和他的《导论》，我才基本上弄清了康德哲学的要点。我谈了谈我的亲身体会，个人走过的弯路，主要目的是为了说明我下列的看法，免得青年人在读康德时重走我痛苦的弯路。

应该怎样看待康德哲学的实质？我认为伟大的导师列宁关于康德哲学的评语始终是正确的，应该是我们理解康德哲学永远不能背离的指导原则。列宁说：“**康德哲学的基本特征是调和唯物主义和唯心主义，使二者妥协，使各种相互对立的哲学派别结合在一个体系中。当康德承认在我们之外有某种东西、某种自在之物同我们表象相应存在的时候，他是唯物主义者；当康德宣称这个自在之物是不可认识的、超验的、彼岸的时候，他是唯心主义者。在康德承认经验，感觉是我们知识的唯一泉源时，他是把自己的哲学引向感觉论，并且在一定的条件下通过感觉论而引向唯物主义。在康德承认空间、时间、因果性等等先天性时，他就把自己的哲学引向唯心主义。**”（《唯物主义和经验批判主义》，人民出版社 1970 年版，第 193 页）

康德前期本来是研究科学的，他开始并且多年讲的都是数学和物理学这一类的课，后来又讲逻辑学。在他三十一岁时（1755 年）发表了一本有名的著作：《自然通史和天体论》（上海人民出版社以《宇宙发展史概论》这个书名出版于 1972 年），恩格斯对这本著作评价说：“**在这个僵化的自然观上打开第一个缺口的，不是一个自然科学家，而是一个哲学家。1755 年出现了康德《自然通史和天体论》。关于〔上帝〕第一次推动的问题被取消了；地**

球和整个太阳系表现为某种在时间的进程中逐渐生长的东西。”（《自然辩证法》，《马克思恩格斯全集》第 20 卷，人民出版社，第 366—367 页）**“康德一开始他的科学生涯，就把牛顿的稳定的、从有名的第一次推动作出以后就永远如此的太阳系变成了历史的过程，即太阳和一切行星由旋转的星云团产生的过程。同时，他已经作出了这样的结论：太阳系的产生也预示着它将来的不可避免的灭亡。过了半个世纪，他的观点由拉普拉斯从数学上作出了证明；又过了半个世纪，分光镜证明了，在宇宙空间存在着凝聚程度不同的炽热的气团。”“康德关于目前所有的天体都从旋转的星云团产生的学说，是从哥白尼以来天文学取得的最大进步。认为自然界在时间上没有任何历史的那种观念，第一次被动摇了。”**（《反杜林论》，《马克思恩格斯全集》第 20 卷，人民出版社，第 26 页、第 62 页）

在《自然通史和天体论》里，康德曾豪迈地宣称：“我觉得，我们在这里可以在某种意义上毫不夸张地说，给我物质，我就用它造出一个宇宙来！这就是说，给我物质，我将给你们指出，宇宙是怎样由此形成的。”（《宇宙发展史概论》，第 17 页）也就是在 1755 年，葡萄牙里斯本地区发生了强烈的地震，康德于 1756 年连续发表了三篇文章，科学地解释了发生地震的自然地理原因，这就打破了一向被人们认为地震是由于上帝发怒而对人类惩罚的迷信思想。所有这些都有力地说明康德当时是站在唯物主义立场上的。

康德从 1770 年当上了逻辑和形而上学教授以后，他才抛弃了他原来的唯物主义立场，采取了调和唯物主义和唯心主义的折中主义两面手法。（其实这种折中主义手法，我们在他的《自然通史和天体论》里也看到，不过我们从该书的上下文中知道他这是为了对付封建统治当局的。该书用匿名出版也无非是为此目的)不过他很不愿意人家说他是唯心主义者,把唯心主义叫做“讨厌的”唯心主义,特别反对人家把他和贝克莱那样的主观唯心主义相提并论。他在《导论》里不止一次地为自己辩护说他不是真正的唯心主义者,并且自比于英国唯物主义者洛克,说:“既然对于那些〔指洛克〕不愿意把颜色当做客体本身的属性而仅仅把它当做属于视觉作为它的变化的人,不能称之为唯心主义者,那么同样也不能仅仅由于我认为还要多的,甚至凡是做成一个物体的直观〔即由物体产生的知觉〕的属性都仅仅属于这个物体的现象,而把我的学说称之为唯心主义。提供了现象的物〔即作为现象的基础的物体〕,它的存在性并不因此就像在真正的唯心主义里那样消灭了,而仅仅是说,这个物是我们通过感官所绝不能按照它本身那样来认识的。我很想知道我的这些主张应该算什么,才免得算为一种唯心主义。”(《导论》第51页)

虽然如此,他还是不得不勉强承认下来自己的学说是唯心主义,尽管他辩护说:“我的这种唯心主义并不涉及事物的存在(虽然按照通常的意义,唯心主义就在于怀疑事物的存在),因为在我的思想里我对它从来没有怀疑过,而是仅仅涉及事物的感性表象;属于感性表象的首先有空间和时间,关于空间和时间,以及从而关于一切一般现象,我仅仅指出了它们既不是事物(而仅仅是表象样式),也不是属于自在之物本身〔即本身自在的物〕的规定。不过‘先验’这一词……从来不是指我们的认识对物的关系说的,而仅仅是指我们的认识对认识能力的关系说的。……但是,如果把实在的事物(而不是现象)变为仅仅是表象的真是讨厌的唯心主义〔指笛卡尔〕的话,那么反过来,把仅仅是表象变为

事物的〔指贝克莱〕应该叫做什么呢？我想，可以叫做做梦的唯心主义，以便同前者有所区别；前者可以叫做幻想的唯心主义：而二者都应该通过我的叫做先验的、或者最好叫做批判的唯心主义给避免了。"(《导论》第56—57页)

在哲学上调和唯物主义和唯心主义的折中主义观点，康德自己也不否认，虽然他自称他的这种折中道路和一般的东捞一把、西捞一把的折中道路不同(参见《导论》第152页)康德的这种两面调和的折中主义观点，实际上就是哲学上的二元论。"**哲学上的一元论和二元论就在于，彻底或不彻底地贯彻唯物主义或唯心主义。**"(列宁：《唯物主义和经验批判主义》，人民出版社1970年版，第290页注)"**由于康德的这种不彻底性，不论是彻底的唯物主义者，或是彻底的唯心主义者(以及'纯粹的'不可知论者即休谟主义者**[①]**)，都同他进行了无情的斗争。唯物主义者责备康德的唯心主义，驳斥他的唯心主义特征，证明自在之物是可知的、此岸的，证明自在之物和现象之间没有原则性的差别，证明不应当从先天的思维规律中而应当从客观现实中引出因果性等等。不可知论者和唯心主义者责备康德承认自在之物，认为这是向唯物主义、'实在论'或'素朴实在论'让步。**"(同上，第193页)

总之，斗争的焦点主要在于康德的自在之物(其次才是他的先天论)。从左的方面批评康德的，说他不够唯物；从右的方面批评康德的，则说他不够唯心。纯粹的唯心主义者认为自在之物

① 列宁从来不说康德是"纯粹的"不可知论者。"**马克思和恩格斯的天才也表现在：……直截了当地说，哲学上有唯物主义路线和唯心主义路线，在两者之间有各色各样的不可知论。**"(同上，第139页。)

通向唯物主义，应该把它“清洗掉”；真正的唯物主义者则认为正是因为康德承认自在之物，并且把它做为我们的感觉经验的基础，所以才是可贵的，因此他们（例如恩格斯的学生拉法格）“**不是批判康德承认自在之物，而是批判康德对于自在之物的看法不够唯物。**”（同上，第199页）而列宁自己则说：“**马赫主义者批判康德，是因为他是过火的唯物主义者，而我们批判康德，却是因为他不是彻底的唯物主义者。**”（同上，第194页）

“**哲学的基本问题是思维对存在、精神对物质的关系问题。……哲学家依照他们如何回答这个问题而分成了两大阵营。凡是断定精神对自然界说来是本原的，从而归根到底以某种方式承认创世说的人……，组成唯心主义阵营。凡是认为自然界是本原的，则属于唯物主义的各种学派。……但是，思维和存在的关系问题还有另一个方面：我们关于我们周围世界的思想对这个世界本身的关系是怎样的？我们的思维能不能认识现实世界？我们能不能在我们关于现实世界的表象和概念中正确地反映现实？用哲学的语言来说，这个问题叫做思维和存在的同一性问题。**”（恩格斯：《路德维希·费尔巴哈和德国古典哲学的终结》，人民出版社1972年版，第15—16页）恩格斯所说的这另一个方面，实际上说的是世界是可知的或不可知的问题。

总之，根据以上经典作家的论断和原则看来，康德既不能算为彻底的唯心主义者，也不能算为彻底的唯物主义者，而是调和唯物主义和唯心主义的折中主义者，二元论者。我有意引证了经典作家们那么多的原话，目的是为了说明我们在谈康德哲学时，千万不能背离马克思、恩格斯和列宁对康德的评断。

至于对待从理论上为神学服务的形而上学以及对待神学本

身和灵魂不灭、上帝存在的问题,看来康德受到下列四个方面的影响。

第一,是他的出身和他青少年时代的遭遇。康德的祖先是从苏格兰来到东普鲁士的哥尼斯堡的移民,他父亲是一个做马鞍的手工业者。他母亲先后生了十一个孩子,康德行四,然而是活下来最长的男孩。家庭生活本来就很不充裕。在他的母亲和父亲相继死去之后,不满二十二岁的康德为了能够维持生活和继续读书,只好一边上学,一边做家庭教师,给人家的孩子们补习功课。这样他干了九年。1755 年他在大学里获得了博士学位,取得了大学讲师的名义。不过那时德国的大学讲师是没有工资的,每讲一种课程都由听课的学生自付给老师学费,因此讲师收入的多少,全看听课的人数而定,有时学生经济过于困窘而又受到康德赏识时(例如赫德尔),他甚至不收学费。直到 1765 年他当上了公共图书馆的馆员时,才算拿到了微薄的固定工资,每年合英币九镑六先令,而那时康德已经四十一岁了,而在经济上还要补助他的弟弟和姐妹。在他的半生艰苦奋斗中,“上帝”从来没有给他什么好处。

第二,康德自幼年起,受到他父亲的严格的清教徒的思想教育,这种思想教育表现在不重视基督教的教规和一切宗教仪式而注重个人道德的修养,这给康德一生很深刻的影响。康德一生没有进过教堂,也从不参加任何教堂以外的宗教仪式,就连一次由哥尼斯堡大学校长带头参加的校园内的基督教游行仪式,康德由于碍于校长的面子,也只是开开门看了一看,并没有参加。

第三,康德的前半生是唯物主义的自然科学家,这给他的哲学态度以根深蒂固的影响。关于这方面,我前面已经讲了,在这里就不再重述了。

第四，康德所处的时代正是欧洲启蒙运动发展到德国的时代，他深受法国18世纪唯物主义思想的影响，法国的伏尔泰曾到德国来过，特别是卢梭的著作是他特别喜爱的。而他开始讲授哲学时虽然用的是伏尔夫的教本，但他不久就完全抛弃了伏尔夫。关于英国的经验论者休谟曾给他巨大的影响，他曾说，是休谟第一次打破了他教条主义的迷梦。此外他特别推崇洛克；相反，他极端反对贝克莱，把他的主观唯心主义叫做“做梦的唯心主义”。

根据《导论》里的提法，康德既推翻了包括亚里士多德一直到伏尔夫—包姆葛尔顿两千年以来的一切形而上学，又认为未来任何形而上学都还没有建立起来；而要建立新的形而上学，又专靠理性的推论，而理性在这上面由于缺少经验的证实，没有任何能力，它的推论只能是矛盾的（即不合理的）假象，比如他把灵魂不灭看做是“错误推论”，把上帝的存在看做是理性安慰自己的一种纯粹的“设想”。这样他不仅推翻了自然神论，甚至也有力地打击了有神论。（参见《导论》第144—147页）看来这就是为什么封建统治当局多次想要禁止康德讲授有关宗教问题，并且禁止他出版《论根本的恶》一书的缘故吧，而由于康德当时已经享有很大的盛名，哥尼斯堡大学的朋友又多，大学当局竟把该项命令置之不理；但终于于1794年柏林议会把命令直接下达康德手里，严厉谴责康德破坏了基督教的根本教义，并且命令他此后既不得再用讲授，也不得再用写作的方式来散布这方面的意见，否则将给以皇家的处分。

不过，康德所处的时代正是西欧资产阶级革命的时代。当时

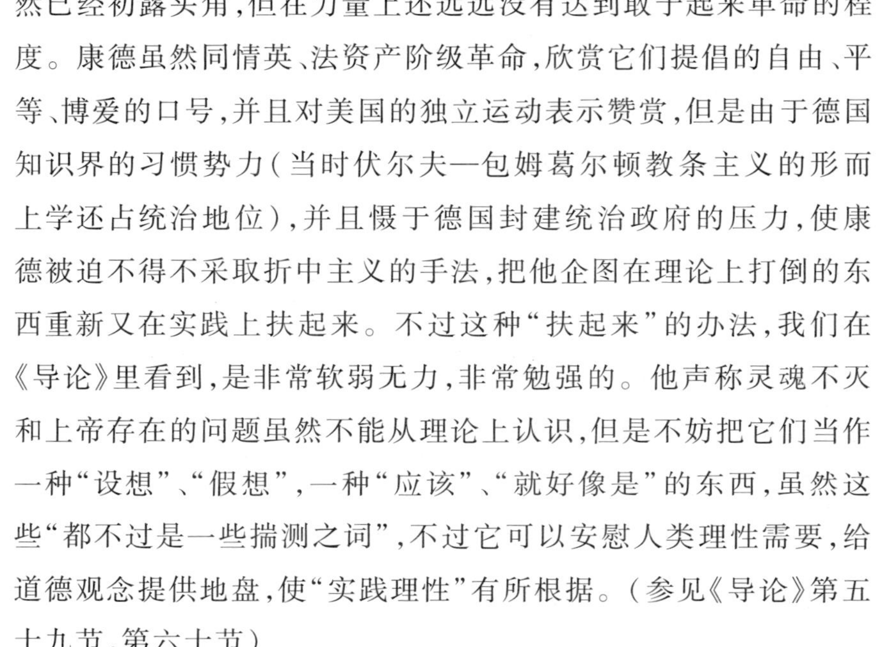

德国的经济状况远远落后于英、法两国，当时德国的资产阶级虽然已经初露头角，但在力量上还远远没有达到敢于起来革命的程度。康德虽然同情英、法资产阶级革命，欣赏它们提倡的自由、平等、博爱的口号，并且对美国的独立运动表示赞赏，但是由于德国知识界的习惯势力（当时伏尔夫—包姆葛尔顿教条主义的形而上学还占统治地位），并且慑于德国封建统治政府的压力，使康德被迫不得不采取折中主义的手法，把他企图在理论上打倒的东西重新又在实践上扶起来。不过这种“扶起来”的办法，我们在《导论》里看到，是非常软弱无力，非常勉强的。他声称灵魂不灭和上帝存在的问题虽然不能从理论上认识，但是不妨把它们当作一种“设想”、“假想”，一种“应该”、“就好像是”的东西，虽然这些“都不过是一些揣测之词”，不过它可以安慰人类理性需要，给道德观念提供地盘，使“实践理性”有所根据。（参见《导论》第五十九节，第六十节）

关于这一方面，我想引证曾为恩格斯推崇过的伟大的进步诗人海涅关于康德一段的富有诗意的评述作为参考。海涅在《论德国宗教和哲学的历史》一书中说：

“为了提出一个关于这个世外上帝的概念，东方和西方曾用尽了稚气的比喻。然而自然神论者的幻想在时间和空间无限上却白白地用尽了气力。在这个问题上完全暴露了他们的无能为力，暴露了他们的世界观，以及关于上帝本性的观念的不足凭恃。所以即便这种观念被打倒，那也不会使我们感到怎么悲伤。可是，当康德破坏了他们关于上帝存在的证明时，他确实使他们大为伤感。

……

“如上所述，我不准备对康德驳斥那些证明的议论作任何通俗性的解脱。我只想明确地告诉你们，自然神论自此以后在思辨理性的范围内已经死灭了。悲痛的讣告恐怕需要几个世纪之久才能被一般人所知悉——但我们早就穿了丧服。De profundis〔从深处〕！

“你们以为现在我们可以回家去了吗？绝不！现在还有一出戏有待上演。在悲剧之后要来一出笑剧。到这里为止康德扮演了一个铁面无私的哲学家，他袭击了天国，杀死了天国全部守备部队，这个世界的最高主宰未经证明便倒在血泊中了，现在再也无所谓大慈大悲了，无所谓天父的恩典了，无所谓今生受苦来世善报了，灵魂不死已经到了弥留的瞬间——发出阵阵的喘息和呻吟——而老兰培〔兰培是康德的仆人〕作为一个悲伤的旁观者，腋下挟着他的那把伞站在一旁，满脸淌着不安的汗水和眼泪。于是康德就怜悯起来，并表示，他不仅是一个伟大的哲学家，而且也是一个善良的人，于是，他考虑了一番之后，就一半善意、一半诙谐地说：‘老兰培一定要有一个上帝，否则这个可怜的人就不能幸福——但人生在世界上应当享有幸福——实践的理性这样说——我倒没有关系——那么实践的理性也无妨保证上帝的存在。’于是，康德就根据这些推论，在理论的理性和实践的理性之间作了区分并且用实践的理性，就像用一根魔杖一般使得那个被理论的理性杀死了的自然神论的尸体复活了。

“康德使自然神论得以复活也许不仅是为了老兰培，而且也是为了〔对付〕警察吧？或者他当真是出于确信才这样行事吗？难道他毁灭了上帝存在的一切证明正是为了向我们指明，如果我们关于上帝的一无所知，这会有多么大的不便吗？……”（《论德

国宗教和哲学的历史》,商务印书馆 1974 年版,第 111—113 页)

最后我还想谈谈我在本书翻译过程中的一些想法和遇到的一些具体问题,特别是康德哲学术语的译法问题。在有关西方哲学史的有些出版物中,我常看到原著引证方面有不妥和错误之处,以及根据这些误译所下的不正确的判断,对此我心里感到不安。我并不责怪这些出版物的作者,因为不妥和错误之处的责任不在他们,而是大量的西方哲学古典著作,多半尚无可靠的中文译本。人们只能借二手材料来引用,这些材料经过辗转抄录,发生错误的情况往往是难免的。有鉴于此,我在多年教学之余也做了一些翻译工作,力求为古典哲学的译述工作尽一点绵薄之力。我体会到,要把翻译工作做好,一定要吃透原文每一句、每一字的真实意义和精神实质,还要用精确的汉语表达出来。而我在这两个方面的水平都不够高,因而总是不能得心应手,译文自己也不能满意。但是有一点还差堪自慰,那就是,我总是力所能及地使读者在从译文中了解原著时尽可能减少一些困难。

康德哲学的主要术语在本书中大部分都出现了,对这些术语加以仔细推敲,我认为这对于弄懂康德哲学是有好处的。我现在谈谈本书中几个术语的译法,供读者们参考、商榷。

1. Verstand(英文 understanding、法文 entendement),有人译为"悟性"或"知性"。这样译法本无不可;但我总觉得不那么通俗易懂,而外文这个词本来是人人能懂的普通名词,我们为什么不能用意思相当而又通俗易懂的汉语名词"理智"来译呢?因此改来改去,最后定稿我还是译为"理智"。

2. Idee(英文 idea、法文 idée)。这是康德讲理性部分里用的一个术语,有人译为“理念”。可是康德的“理念”和柏拉图的“理念”、黑格尔的“理念”都不相同。康德的“理念”实际上是从人的理性(也就是纯粹从人的头脑中)产生出来的一些刨根究底的“想法”,这些想法都不是经验之内的东西,它们既不能通过经验来证实,也不能通过经验来否定,因此只能是一些“想法”。可是我怕这样译,不易通得过,未敢大胆地把“理念”硬改为“想法”,所以仍旧采用“理念”这个译法。好在康德自己在他的书里也说Idee是“理性概念”。那么就算“理念”是“理性概念”的简称吧。

3. Ideal(英文 ideal、法文 idéal)。这一词来源于Idee,意思是“Idee的东西”,也就是说,仅仅存在于“想法”的东西。因此我把它译为“设想”。我认为这样译既合乎本词的原义,也合乎康德对上帝的想法的原义。

4. Paralogismus(英文 paralogism、法文 paralogisme)的原义是“不合逻辑的论断”、“错误的论证”。康德说,灵魂不灭这种论断只能在人死了以后如果灵魂还活着才能得到证明,而在人还活着的时候,谁也没有经验过灵魂不灭,因此这种论断是不合逻辑的、错误的。其他书中把这个词译为“悖论”或“谬误推论”,本来也未尝不可;可是我觉得还是译为“错误推论”更通俗易懂些。

5. Antinomie(英文 antinomy、法文 antinomie),原意是两条法规互相冲突。康德在这里第一条就谈“世界在时间上有始、在空间上有限”和“世界在时间上无始、在空间上无限”是对立问题。在这个问题上,两种说法,各执一端,各自的论证是互相矛盾的。日文译本把这个词译为“二律背反”,我国也一贯采用“二律背反”这个译法(“律”,我国古文是法律条款)。这个译法本来不错。因此,我在本书中也想按约定俗成之规采用这种译法。但是，根据康德在《纯粹理性批判》里，在 Antinomie 下面紧接着讲“第一个对立”、“第二个对立”等。我原来想译为“互相矛盾”，或译为“互相对立”，但又分别与 Widerspruch（矛盾）和 Widerstreit（对立）两词混淆。因此，经过多次斟酌，我认为译作“互相冲突”，既合乎原义，又比“二律背反”通俗易懂。在这里提出来向读者求教。

6. Dasein 和 Existenz、Sein 稍有不同，Dasein 是由 da 和 sein 两词合缀起来的，原义是“现时、现地的存在”，或“这样的而不是那样的存在”。这个词在黑格尔哲学里同 Existenz 的差别就大得多了。在黑格尔的书里，Dasein 译为“定在”、“现有”、“规定的存在”、“现有的存在”等（黑格尔在《逻辑学》里说“Dasein ist bestimmtes Sein”，列宁《哲学笔记》中文译本第 109 页里译为“现有的存在是**规定的**存在”）。由于在康德哲学里差别不大，而且在汉语中硬分别出来反而容易把人弄糊涂，因此我按照英、法文的译法（existence）统一译为“存在”。（有的书把 Sein 译为“有”，我没有采用。）

7. Dogmatismus（英文 dogmatism、法文 dogmatisme）来源于 Dogma（教条），是指中世经院哲学的教条说的。如果按旧译“独断论”，就比较费解；因此，为了通俗易懂起见，我按人人都懂而且恰合原义的现代汉语译为“教条主义”。

8. Subjekt 和 Prädikat（英文 subject 和 predicate、法文 sujet 和 prédicat），很多书中译为“主词”和“宾词”。我觉得这种译法不妥当。尤其“宾词”是指及物动词后面的名词受事位（补语）说的。这两个词现在在语法上叫做“主语”和“谓语”，在逻辑上叫做“主项”和“谓项”，而康德在本书里所谈的正是逻辑上的判断问题,而不是语法上的问题,因此我把这两个词译为“主项”和“谓项”。

9. Prädikamente(英文 predicaments、法文 prédicaments)是Categorie(范畴)的别名,本来也可以把它译为“范畴”;但康德在本书里说 Categorie 又名 Prädikamente,是指亚里士多德的十个范畴说的,亚里士多德后来又加上五个范畴,叫做 Postprädikamente。不译又不好,译又不知道怎么译好,于是只好暂时按照本书的日文译本译为“云谓关系”,把 Postprädikamente 译为“后云谓关系”。这个问题想留到以后再解决。

10. Physiologische(英文改译为 physical,法文译为 physiologique),康德这一词的意义,不是现在使用的意义(生理学的),而是根据字源的意义,指“有形体界的”、“物体界的”事物或原则说的,正和“形而上的”相对,因此我把它译“形而下的”,也符合《易·系词》中“形而下者谓之器”的意思。

其他还有一些术语也采用了不同的译法,我就不一一列举了。总之,我改变译名的原则有二:一是要恰合原义;二是要通俗易懂。此外,我还想补充一点:目前在科学技术方面,名称基本上统一,在哲学社会科学上名词术语则颇不统一,我们哲学工作者理应给广大的读者创造出更好的条件,以便于他们对外国哲学学习、研究和批判之用。因此我衷心希望一切哲学工作者和翻译工作者同心协力,商讨出一套统一的哲学译名,在哲学研究上将是一个很大的贡献。

至于我对本书的翻译,我在前面说过,由于两个方面的水平有限,错误和不妥之处一定不少。关于我对康德哲学的看法,特别是对于康德哲学术语的译法,我是遵照“百家争鸣、百花齐放”

的方针做的，提出以上一些意见，很不成熟，目的仅仅是为了抛砖引玉，诚恳地希望读者们给予批评指正。

译　者

术 语 对 照

条目按拼音顺序排列。根据辨义的必要性，细目或者归于中心词条目，或者并于修饰词条目。术语包括：多义类、一般类、特殊类，以及，单就外文或译文一方而言，严格说不是术语者。多义术语，异义交叉并用，易引起误会；一般术语，译法尚未统一，所用未必妥当；康德常用专用者，尤宜辨明原义。凡此应明辨者，异译并列。本书异译，以顿号隔开；他书异译，用方括号表示。其后外文，以德、英、法为序供对比各国译本之用。请注意，本对照表之不宜脱离本书单独使用，在这一点尤其明显。最后酌注出处（见正文外侧、原书德文第一版页码），亦小补主题索引之不足。

[**B**]

包摄　subsumieren // subsume/subsumer ‖ 79、82

包含[蕴含]　enthalten // imply; contain/contenir ‖ 28、106; 108, 181

本体〔真体〕　Noumena // noumena/noumène ‖ 171

本体论　Ontologie // ontology/ontologie ‖ 122 注、123、173

本性，神圣的　göttliche Natur // divine nature/nature divine ‖ 152 注

本原，第一　erstes Prinzip // first principle/principe premier ‖ 186

必然的　notwendig // necessary/nécessaire ‖ 79

必然性　Notwendigkeit // necessity/nécessité ‖ 8

　自然界的～　Naturnotwendigkeit // natural nec. /néc. de la nature ‖ 150

　盲目的～　blinde N. // blind nec. /néc. aveugle ‖ 186

辩证法　Dialektik // dialectic/dialectique ‖ 41 注

　隐蔽的～　geheime D. // secret d. /d. secrète ‖ 146

　不守纪律的～　polizeilose D. // licentious d; anarchi d. /d. indisciplinée

‖ 164

~的论断 dialektische Behauptungen // dialectical assertion/affirmation dialectique ‖ 143

变化 Veränderung; Modifikation // alteration; modification/transformation; modification ‖ 53、64、138 注; 64、119

标准 Kriterium // criterion, criteria/critérium ‖ 201

表象$_1$[出现] Vorstellung // representation/représentation

感官的~ sinnliche V; V. der Sinne // sensuous r.; r. of the sense/r. sensible; r. des sens ‖ 67

感性的~ V. der Sinnlichkeit; sinnliche V. // r. of the sensibility/r. de la sensibilité ‖ 67

感觉~ Empfindungsvorstellung // sense-representation/représentation de sensation ‖ 91

经验的~ empirische V. // empirical r./r. empirique ‖ 91

~(的)样式 Vorstellungsart // mode of r./mode de r. ‖ 148

表象$_2$[出现] vorstellen // represent/représenter ‖ 51、60、171

不可能性 Unmöglichkeit // impossibility/impossibilité ‖ 109

不可入性 Undurchdringlichkeit // impenetrability/impénétrabilité ‖ 63、73、135

不可分性 Unteilbarkeit // indivisibility/indivisibilité ‖ 138 注

不可理解性 Unbegreiflichkeit // incomprehensibility/incompréhensibilité ‖ 92

不定的 unendlich // infinite/infini ‖ 86

[C]

材料 Materialien; Stoff // material/matériaux ‖ 93、127; 53、138 注

常住性[永恒性] Beharrlichkeit // permanence/permanence ‖ 133

超验的、超越的 transzendent // transcendent/transcendant ‖ 127; 204 注

超自然的解释方式 hyperphysiche Erklärungsarten // hyperphysical modes of explanation/explications hyperphysiques ‖ 179

产物 Produkt // product/produit ‖ 81、107 注、168

成分、元素 Element // element/élément ‖ 38、119、172

创造 erdichten // invent/créer ‖ 182

存在(性) Dasein;Existenz;Sein // existence/existence ‖ 71、72;66;71

存在体 Wesen // being/être

原始[原本的]~ Urwesen // original b. 173;first b. 178;primal b. 159/ ê. primitif 173、178;ê. premier 159

理智~ Verstandeswesen // b. of u./ê. intelligible;ê. d'entendement ‖ 104;105、106注、133、134、170、174

思维~ Gedankenwesen // mere creation of thought/êtres de pensée ‖ 106、133、134、170、174

纯粹理智~ reine Verstandeswesen // p. purely rational bs./êtres purement intelligibles ‖ 152注

感性~ Sinnenwesen // things of sense/êtres. sensibles ‖ 104

至上~[最高存在者] höchstes W. // supreme b./ê. suprême ‖ 131、170、171

一般~ überhaupt an W. // b. generally/ê. en général ‖ 156 *

能思的~ denkendes W. // thinking bs./ê. pensants ‖ 62

必然的~ notwendiges W. // necessary b./ê. nécessaire ‖ 144

错误推论[谬误推理、悖论] Paralogismus // paralogism/paralogisme ‖ 130

[**D**]

倒退法 regressive Lehrart // regressive method/méthode régressive ‖ 41注

道德 Sitten;Moral // moral/morale ‖ 167、185、186

《导论》[导言、绪论] Prolegomena // Prolegomena/Prolégomènes ‖ 3

定律 Satz // law/principe

矛盾律 S. des Widerspruchs // l. [principle 198] of contradiction/p. de contradiction ‖ 27、31

充足理由律 S. des zureichenden Grundes // l. [p.] of sufficient reason/ p. [proposition 33] de raison suffisante ‖ 31

联想律 Gesetz der Assoziation // l. of association/loi d'association ‖ 8

---

* 本词不是按字面译的。这种译法处理的词,皆标星号。

东西

自在的～　Sache an sich // object in itself/chose en soi ‖ 149

单一的～　Einfach // simple/simple

制约性的～规范性的～　regulativ // regulative/régulateur ‖ 162

构成性的～　konstitutiv // constitutive/constitutive ‖ 162 *

对象　Gegenstand // object/objet

既定的～　gegebene Gegenstände // given os. /objets donnés ‖ 76

对立性　［拉］*opposita* ‖ 122 注

惰性　Trägheit // inertia/inertie ‖ 73

［**F**］

法则　Gesetz // law/loi ‖ 38

反题［反论题、反面主张］　Gegensatz // antithesis/antithèse ‖ 144

反思概念［反省概念］　Reflexionsbegriff // concepts of reflexion/concepts de réflexion ‖ 123

范畴　Kategorie // category/catégorie ‖ 118

～的引申　Ableitung der K. // derivation of the c. /dérivation des c. ‖ 121

方法₁，思想　Denkungsart // mode of thought/elle donne No. la pensée un tour... ‖ 222

方法₂、法，分析　analytische Methode // analytical method/méthode analytique ‖ 41 注

综合～　synthetische Methode // synthetical m. /m. synthétique ‖ 41 注

分解　Auflösung; Zergliederung // dissolution; dissection; analysis 36/décomposition; analyse; démembrement 34 ‖ 138 注; 72

否定的　verneinende // negative/négatif ‖ 86

否定性　Negation // Negation/négation ‖ 86

符合性　Uebereinstimmung // conformity/conformité ‖ 47

复多性　Vielheit // plurality/pluralité ‖ 85 注、86

［**G**］

盖然性　Wahrscheinlichkeit // probability/vraisemblance ‖ 195、200

概念 Begriff // concept; notion; term/concept ‖ 15、56、69

基础～ Elementarbegriff // elementary n./c. élémentaires ‖ 119

可互换的～ Wechselbegriff // equivalent t./c. interchangeable ‖ 79

总～ vollständiger B. // full c./c. général ‖ 20

派生～ Folgebegriff // derivatives of c./c. qui en dépendent ‖ 8

特殊～ besonderer B. // special c.［贝克本］; particular c.［卡勒斯本］/ c. particulier ‖ 78

感官 Sinne // senses/sens ‖ 52

～对象 Gegenstände der S. // objects of s./objets des sens ‖ 59

～表象 sinnliche Vorstellung; Vorstellung der S. // s. representation/ représentation sensible ‖ 59

外～ äussere S. // external s.; cuters/s. externes ‖ 56、57、59; 73

内～ innere S. // internal s.; inner s./s. interne ‖ 140

感觉 Empfindung; Gefühl // sensation; feeling/sensation; sensibilité ‖ 53; 80 注

感性 Sinnlichkeit // sensibility/sensibilité

～世界 Sinnenwelt // sensible world; w. of sense 169; sensuous w. 169/ monde sensible 113; m. des sens 169

感性论 sthetik // Aesthetic/Esthétique ‖ 105、110

根据 Grund // ground; foundation 60/fondement 165; principe 179、183

客观的～ objektive Gründe // objective gs./principes objectifs ‖ 154

公理 Axiom; Maxime // axiom; maxim/axiome; maxime ‖ 84; 131、161

公准 Postulat // postulate/postulat ‖ 86、138 注

共存性、共存关系 Gemeinschaft // community/communauté ‖ 86、92、98

观念 Idee // idea/idée ‖ 31

获得的～ erworbenen Ideen // acquired ideas/idées acquises

纯粹理智的和纯粹理性的～ I. des reinen Verstandes und Vernunft // i. of the pure understanding and reason/i. de l'entendement pur et de la raison pure ‖ 205

～的并存 Existenz der Verstellungen // coexistence of representations/existence des représentations ‖ 31

关系 Verhältnis; Beziehung; relation // relation/relation ‖ 20、52、86

外在～ äusseres V. // external r./condition extérieure ‖ 57

官能　Vermögen // faculty/faculté ‖ 108

广延［广袤、延扩］　Ausdehnung // extension/extension ‖ 61。参 27、150

归纳　Induktion // induction/induction ‖ 196

规定　bestimmen // determine; definite/déterminer ‖ 170

规定(性)　Bestimmung // determination/détermination ‖ 54、151

　　感性规定　sinnliche B. // sensuous restrictions/d. sensible ‖ 133

规则　Regel // rule/règle ‖ 89

规律性　Regelmässigkeit // regularity/régularité ‖ 115

［**H**］

合乎法则性　Gesetzmässigkeit // conformity to law/conformité aux lois ‖ 75、111、113、133

　　对理性的符合性　Vernunftmässigkeit // c. to reason/c. No. la raison ‖ 179 注

后天的［验后的］　［拉］*a posteriori* ‖ 50

后件　Konsequenz; Folge 100; nachfolgende 101 // consequent; consequence/conséquent 110; conséquence ‖ 82、100

后果　Folge // consequence/conséquence ‖ 99、185

互相冲突［二律背反、二律背驰］　Antinomie // antinomy/antinomie ‖ 130

环节［契机］　Artikulationen 21; Momente 122 // articulations 21; functions 85; movements 122/articulations 21; moment ‖ 85、122

　　理智～　M. des Verstandes 85、122 // f. of the understanding 85; m. of the understanding 122/moments de l'entendement ‖ 85

怀疑论　Skeptizismus // scepticism/sceptisme ‖ 17

幻想　Hirngespinst // chimeras/chimère ‖ 104

［**J**］

基体　Substratum // substratum/substratum ‖ 116

基础　Grundlage; Grund 116 // substratum; ground 116; basis 62、110/fondement ‖ 125

既定的、已有的、已经提供出来的概念[给定的、被给予的概念] gegebener Begriff // given concept/concept donné ‖ 76、123;30、42;108

假定、猜测、推测、臆测、料想 Mutmassung // conjecture/conjecture;hypothèse ‖ 106、109;195

假设 Voraussetzung // presupposition/hypothèse ‖ 159

假说 Hypothese // hypothesis/hypothèse ‖ 93、177

假象[幻象] Schein // illusion/illusion;apparence ‖ 127

交互性 Wechselwirkung // action and reaction/influence réciproque ‖ 92

教条主义[独断论、武断主义] Dogmatismus // dogmatism/dogmatisme ‖ 38

结果 Wirkung // effect/effet ‖ 49、151、152 注、156、179 注

界线[限界] Grenze // bound;boundary/limite ‖ 181

经验$_1$ Erfahrung // experience/expérience ‖ 8、9

~的(绝对)整体 absolutes Ganzes der Er. // absolute whole of ex.;ex. as a whole/ex. en son entier ‖ 161

~知识 Erfahrungserkenntnis // knowledge of ex./connaissance expérimentale ‖ 76、204 注

~进展 Fortgang der Er. // progress of ex./progrès de l'ex. ‖ 168 参见 81 [前进]

~使用 Erfahrungsgebrauch // empirical use/usage expérimental ‖ 176

~判断 Erfahrungsurteil // judgment of ex./jugement d'ex. ‖ 78

一般~[~一般] Er. überhaupt // ex. in general/ex. en général ‖ 81、102、195

可能~ mögliche Er. // possible ex./ex. possible ‖ 102

经验$_2$的判断 empirisches Urteil // empirical judgment/jugement empirique ‖ 78

[**K**]

可靠性 Gewissheit // certainty/certitude ‖ 41

可能的(东西) möglich // possible/possible ‖ 126

可能性 Möglichkeit // possibility/possibilité ‖ 6、130 注

客观有效性 objektive Gültigkeit // objective validity/valeur objective ‖ 60、78

客体[对象]　Objekt//object/objet ‖ 60

　　自在的～　O. an sich//o. in itself/o. en soi ‖ 127

空间　Raum//space/espace ‖ 53、54

　　一个境界　ein R. //a s. /un e. * ‖ 166

扩散性　Ausspannung//expansion/dilatation ‖ 82

扩展性的　erweiternd//expansive/extensifs ‖ 25

[L]

来源　Ursprung; erste Anfänge // origin; first beginnings/origine; origine première ‖ 65;49

类比、类推　Analogie//analogy/analogie ‖ 86、96、104、131、176 注、178、196

理念[观念]　Idee//idea/idée ‖ 126

理性　Vernunft//reason/raison ‖ 3

　　～原则　Vernunftprinzipien//rational principles/principes rationnels ‖ 103

　　～概念　Vernunftbegriffe//concepts of reason/concepts de raison ‖ 124

　　抽象～　abgesonderte V. //abstract r. /r. prise No. part ‖ 34

　　纯粹～　reine V. //pure r. /r. pure ‖ 42

理智[悟性、理解力、知性、智力、了解]　Verstand//understanding/entendement ‖ 88

　　～世界　Verstandeswelt//world of u. /monde intelligible ‖ 170

　　～的世界　intellektuelle Welt//intellectuel w. /m. intellectuel ‖ 107 注

　　～的东西　Intellektuell//intellectual/intelligible ‖ 152 注

　　～的原型　Urbild vom Verstande//archetype of u. /prototype de tout e. ‖ 164

　　～的概念　Verstandesbegriffe//concepts of the u. /concepts de l'e. ‖ 124

　　普通～　gemeine V. //normal good sense/sens commun

　　思辨～　spekulative V. //speculative u. /e. spéculatif ‖ 197

　　论证性～　diskursive V. //discursive u. /e. discursif ‖ 164

理论知识　theoretische Erkenntnis; ～s Wissen//theoretical knowledge; ～cognition/connaissance théorique; savoir théorique ‖ 46、218

连贯性　Zusammenhang//coherence/liaison; encha̧nement ‖ 66;186

连结、结合　Verknüpfung; Vereinigurg // connection; combination; union; conjoin/encha͏̧nement; liaison; union; association ‖ 101、138 注、145

颠倒的～方式　umgekehrte Art der V. // reversed mode of con. /mode inverse de liaison ‖ 102

良知［常识、健全思想、普通理智］　gemeiner Verstand; gesunder Verstand; Menschenverstand; gemeiner Menschenverstand; allgemeine Menschenvernunft; allgemeiner Menschenverstand // common sense; sound sense/bon sens; saine raison; sens commun ‖ 11、12、103、197

量、大小　Grösse; Quantität // quantity/grandeur; qualité ‖ 57、84、91; 73、86

灵魂　Seele // soul/ ?! me ‖ 131

论证性的　diskursiv // discursive/discursif ‖ 49、73

逻辑［论理学、理则学］　Logik // logic/logique ‖ 11

～原则　Grundsätze der L. // axioms of l. /principes de la l. ‖ 209 注

［**M—R**］

目的　Zweck // end/fin ‖ 183

矛盾　Widerspruch // contradiction/contradiction ‖ 31

命题　Satz // proposition/proposition ‖ 25

内在的前进　innere Fortgänge // internal progress/évolution intérieure ‖ 167

～使用　immanenter Gebrauch // immanent use/usage immanent ‖ 127、174、204 注

～一致性　innere Uebereinstimmung // internal agreement/concordance intérieure ‖ 57

拟人观　Anthropomorphismus // anthropomorphism/anthropomorphisme ‖ 177

偶然性　Zufälligkeit // contingency/contingence ‖ 166

偶性　Akzidenz // accident/accident ‖ 135、194

判断$_1$　Urteil; Beurteilung // judgment/jugement ‖ 13; 65

直言～　kategorisches U. // categorical j. /j. catégorique ‖ 86、122 注

假言～　hypothetisches U. // hypothetical j. /j. hypothétique ‖ 82、86

选言～　disjunktives U. // disjunctive j. /j. disjonctif ‖ 86、130 注

判断$_2$［断定］　urteilen // judge/juger ‖ 175

批判[批评]　Kritik//critique/critique ‖ 20、189

普遍性　Allgemeinheit//universality/universalité ‖ 73、90、185

启蒙时期　aufgeklärtes Zeitalter//rationalistic age/siècle de lumières ‖ 222

前件　Antezedens; Grund; vorhergehende // antecedent/antécédent ‖ 82; 100; 101

前因　Grund//ground/cause ‖ 99

前提　Voraussetzung//presupposition/présomption ‖ 138 注

起始,第一　erster Anfang//first beginning; ~ start [卡勒斯本]/commencement premier ‖ 156

权利　Recht//right/droit ‖ 176 注

法权关系　rechtliches Verhältnis//juridical relation/rapport juridique ‖ 176 注

认识　erkennen; Erkenntnis // cognise, know; cognition, knowledge/conna̧tre; connaissance ‖ 66、72

[**S**]

上帝[神]　Gott//God/Dieu ‖ 178

设想[理想、公设]　Ideal//ideal/idéal ‖ 130

神灵　Geist//spirit/esprit ‖ 112 注

神学　Theologie//theology/théologie

先验~　transzendentale T. //transcendental t./t. transcendantale ‖ 159

神秘的目的　schwärmerische Absicht//mystical tendency/fin mystique ‖ 207 注

神秘的幻想的唯心主义　mystischer und schwärmerischer Idealismus//mystical and visionary idealism/idéalisme mystique et fantaisiste ‖ 70

时间　Zeit//time/temps ‖ 53

~规定性　Zeitbestimmungen//time-determinations/déterminations temporelles ‖ 152

~的主观性　Idealität der Z. //ideality of t./idéalité du t. ‖ 207

~的连续性　Zeitfolge//sequence of time; suscession/succession temporelle ‖ 152 注、351

实在(性) Realität;Wirklichkeit // reality/réalité ‖ 72、91

实在论者 Realist // realist/réaliste ‖ 207

实在印象 wirklicher Eindruck // actual impression/impression réelle ‖ 52

实体 Substanz // substance/substance ‖ 36

实践的效用 praktischer Nutzen // practical value/utilité pratique ‖ 186

世界 Welt // world/monde

~有恒 Weltewigkeit // eternity of the w. /éternité du m. ‖ 131

物质~ körperliche W. // corporeal w. /corps ‖ 70

现实~ wirkliche W. // actual w. /m. réel ‖ 154

事件 Begebenheit // event/événement ‖ 131、151

事物 Ding // thing/chose

~本身 D. selbst // th. themselves/ch. elles-mêmes;être en soi ‖ 181;69

事实 Fakta // fact/fait ‖ 47

属性$_1$ Prädikat // predicate/prédicat ‖ 63、122 注、133

属性$_2$ Eigenschaft // property;attribute/propriété;attribut ‖ 52;178

思维 Denken;Gedanken // thinking/pensée ‖ 11、62、88

~形式 Form des D. // form of th. /forme de la pensée ‖ 172

~能力 Denkkraft // power of th. /puissance de la pensée ‖ 199

思辨认识 spekulative Erkenntnis // speculative cognition/connaissance spéculative ‖ 199

宿命论 Fatalismus // fatalism/fatalisme ‖ 185

[T]

条件连锁 Kette von Bedingungen // chain of conditions/chaîne de conditions ‖ 134

统觉[摄觉、统摄] Apperzeption // apperception/aperception ‖ 111、136 注

统一性 Einheit // unity/unité

意识的~ E. des Bewusstseins // u. of consciousness/u. de la conscience ‖ 172

同一性 Identität // identity/identité ‖ 31

图式[范型、图型、构架、间架] Schema // schematism/schéma ‖ 107

[**X**]

系列 Reihe//series/série ‖ 130、143

习惯(性) Gewohnheit//habit/habitude ‖ 8、18

遐想[想入非非、非非之想] schwärmen; Schwärmerei//vagary; aberration/divaguer ‖ 108

先验哲学 transzendentale Philosophie//transcendental philosophy/philosophie transcendentale ‖ 46

先天知识 Erkenntnis *a priori*//*a priori* knowledge; cognition *a priori*/connaissance *a priori* ‖ 26、207

先天综合判断 synthetische Urteile *a priori*//synthetical judgments *a priori*/jugements synthétiques *a priori* ‖ 53

~命题 synthetische Sätze *a priori*//synthetical propositions *a priori*/propositions synthétiques *a priori* ‖ 53

限度 Schranke//limit/borne ‖ 167、170

限制 Begrenzung; Einschränkung//limitation/restriction ‖ 182

现象[出现] Erscheinung; Phänomena//appearance; phenomena/apparence; phénomène

实在~ wirkliche E.//actual a./réelle apparition ‖ 54

感官的~ E. der Sinne//sense a./ph. sensible ‖ 106

~中的原因 Ursache in der E.//causes in the as./cause dans le ph. ‖ 156、157

~的原因 Ursache der E.//cause of the as./cause des phs. ‖ 157

想象、虚构 Erdichtung//fiction/fiction ‖ 60

丰富的~ fruchtbare E.//fertile f./imagination féconde ‖ 109

想象力 Einbildungskraft//imagination/imagination ‖ 8

相似性 Aehnlichkeit//similarity/ressemblance ‖ 64、176

相依性 [拉]*correlata* ‖ 122 注

心理情态 Gemütszustand//mental state/état d'esprit ‖ 82

~上的空白 psychologische Dunkelheit//psychological darkness/obscurité psychologique ‖ 91—92

信仰,合理的 vernünftiger Glaube//rational faith/croyance raisonnable ‖ 199

形而上学[玄学]

~的　metaphysisch // metaphysical/métaphysique ‖ 24

~知识　metaphysische Erkenntnis // m. knowledge/connaissance m. ‖ 24

学院~　Schulmetaphysik // school metaphysics/métaphysique scolastique ‖ 222

形而下原则　physiologische Grundsätze // physical principles/principes physiologiques ‖ 91

形式,思维　Form des Denkens // form of thinking/forme de la pensée ‖ 172

~直观　formale Anschauung // formal intuition/intuition formelle ‖ 60

~条件　f. Bedingung // f. conditions/conditions formelles ‖ 90

行为、行动、作用　Handlung/action // action;opération ‖ 106

理智的作用　Verstandeshandlung // act of the understanding/opération de l'entendement ‖ 119

持续不断的行动　unaufhörliche H. // incessant a. /a. incessante ‖ 152 注

人类行为　menschliche H. // human actions/actions humaines ‖ 176 注

性质$_1$,自在之物的　Eigenschaft eines Dinges an sich selbst // a property of a thing in itself/propriété d'une chose en soi ‖ 153

性质$_2$,理性的　Natur der Vernunft // nature of reason/nature de la raison ‖ 126

理智的~　N. des Verstandes // n. of understanding/n. de l'entendment

性质$_3$,实在　wirkliche Beschaffenheit // actual qualities/conditions réelles ‖ 56—57

(性)**质**$_4$　Qualität // quality/qualité ‖ 86

[**Y**]

演绎、推论　Deduktion // deduction/déduction ‖ 199

先验的~　transzendentale D. // transcendental d. /d. transcendantale ‖ 56

批判的~　kritische D. // critical d. /d. critique ‖ 105

样式[形相]　Modalität // modality/modalité ‖ 122 注

认识~　Erkenntnisart // mode of knowing/mode de connaissance ‖ 163

一致性　Einhelligkeit;Uebereinstimmung // agreement/harmonie ‖ 161

内在~　innere Uebereinstimmung // internal a. /concordance intérieure ‖

57

依存性 Abhängigkeit // dependence/dépendance ‖ 166

依存关系 Subsistenz // subsistance/subsistance ‖ 97

意识

一般 ~ [意识一般] Bewusstsein überhaupt // consciousness in general/ conscience en général ‖ 82

无 ~ Unbewusstsein // unconsciousness/inconscience ‖ 91

经验的 ~ empirisches B. // empirical c. /c. empirique ‖ 82

意志 Wille // will/volonté

至上理智和 ~ 的作品 Werk eines höchsten Verstandes und Willens // work of a Supreme Understanding and Will/ !! uvre d'un entendement et d'une volonté suprêmes ‖ 175

异质的东西 Ungleichartig // heterogeneous/hétérogène ‖ 171

因果性的原因规定性 Bestimmung der Ursache zur Kausalität // determination of the cause to a causal act // détermination de la cause No. la causalité ‖ 151

原因的 ~ K. der U. /causality of the cause; causal act of the cause // causalité de la cause ‖ 152、152 注

理性的 ~ K. der Vernunft // causality of reason/causalité rationnelle ‖ 157

出于理性的 ~ K. durch Vernunft // causality through reason/causalité par la raison ‖ 177

有神论 Theismus // theism/théisme ‖ 173

有效性 Gültigkeit // validity/validité

必然普遍 ~ (对任何人) notwendige Allgemeingültigkeit (für jedermann) // universal v. and necessity; v. necessary universally (for everybody); necessary universal validity 80 注/v. universelle nécessaire (pour chacun) ‖ 79

宇宙体系 Weltsystem // cosmical system/système du monde ‖ 116

~ 学[宇宙论]问题 kosmologische Fragen // cosmological question/questions cosmologiques ‖ 165

预感[预测、预期],知觉的 Antizipationen der Wahrnehmung // anticipation of perception/anticipations de la perception ‖ 86

原则 Prinzip; Grundsatz // principle/principe

可能经验的～ Grundsätze möglicher Erfahrung // p. of possible experience/p. d'une expérience possible ‖ 90

经验的可能性～ Prinzipien der Möglichkeit der Erfahrung // p. of the possibility of experience/p. de la possibilité de l'expérience ‖ 164

既定的～ gewisse Prinzipien // fixed p./certains principes ‖ 37

原理,本体论 ontologisches Prinzip // ontological principle/principe ontologique ‖ 130 注

原型 Urbild // archetype/prototype ‖ 164

原因 Ursache // cause/cause

世界因 Weltursachen // world-causes/causes du monde ‖ 144

动力～、行动着的原因 wirkende U. // efficient c./c. efficiente ‖ 152、178

自在的原因 U. an sich // c. in itself/c. en soi ‖ 179

规定性～ bestimmende U. // determining c./cs. déterminantes ‖ 156

外部规定的～ äussere bestimmende U. // external determining c./c. déterminantes extérieures ‖ 152 注

理性形式的原因 U. der Vernunftform // c. of the form of reason/c. de la forme rationnelle ‖ 128

原因的情态 Zustand der U. // state of the c./état particulier de la c. ‖ 152、156

源泉、根源、来源

第一源泉 erste Quellen // first sources/premières sources ‖ 143

真的来源 echter Ursprung // genuine origin/origine authentique ‖ 112 注

理性本身的源泉 Q. der Vernunft selbst // fountain of reason itself/s. de raison même ‖ 3

经验的来源 Entstehen der Erfahrung // o. of experience/o. de l'expérience ‖ 87

知识源泉 Erkenntnisquellen // s. of knowledge/s. de la connaissance ‖ 23

知识本身的来源 U. der Erkenntnis selbst // o. of k. itself/o. de la c. même ‖ 65

越境的 überschwenglich // presumtuous/exubérant; extravagant ‖ 127; 159

云谓关系[宾位词]　Prädikamente；Prädikabilien // predicaments；predicables/prédicaments；prédicables ‖ 118、122 注

　后～[后宾位词]　Postprädikamente // post-predicaments/postprédicaments ‖ 118

运动　Bewegung // motion/mouvement ‖ 53

[Z]

折中道路　Mittelweg // true mean/moyen terme ‖ 180

真、真象、真理、真实性　Wahrheit // truth/vérité ‖ 66、67；69；93、198；140

　内在真理　innere W. // inner t./v. interne ‖ 10

　客观真实性　objektive W. // objective t./v. objective ‖ 140

哲学　Philosophie // philosophy/philosophie

　解说～　[拉]*philosophia definitiva* ‖ 37

　批判的～家　kritischer Philosoph // critical philosopher/philosophe critique ‖ 145

　～术语　philosophische Benennungen // philosophic nomenclature [-terminology，巴克斯本]/dénominations philosophiques ‖ 70

整体、全　ganz // whole/tout ‖ 86、162

正确性　Richtigkeit // accuracy/justesse ‖ 61

证明　Beweis // proof/preuve ‖ 146 注

证实　Rechtfertigung // justification；demonstration/justification ‖ 199

正题[论题、正面主张]　Thesis // thesis/thèse ‖ 146 注

知觉　Wahrnehmung；*Perceptio* // perception/perception

　～情态　Zustand der W. // state of p.；perceptual state/état de p. ‖ 80；83

　～的连结　Verknüpfung der W. // connection of ps./liaison des ps. ‖ 82

　～判断　Wahrnehmungsurteil // judgment of p./jugement de p. ‖ 83

　可能的～　mögliche W. // possible p./p. possible ‖ 82

知识、认识　Erkenntnis // cognition；knowledge/connaissance

　后天知识　E. *a posteriori* // c. *a posteriori*/c. *a posteriori* ‖ 89 注

　纯粹理智认识　reine Verstandeserkenntnisse // pure cs. of the understanding/cs. pures de l'entendement ‖ 128

理论知识　theoretische E. [-Wissen] // theoretical k. /c. de théorique ‖ 46—7

理智知识　Verstandeserkenntnis // rational k. /c. de l'entendement ‖ 37

直接认识　unmittelbare E. // immediate k. /c. immédiate ‖ 79

知识种类　Erkenntnisart; Art der E. // species of k. ; the kind of c. /modes de c. ‖ 23、31、128

直观　Anschauung // intuition/intuition

单纯的～　blosse A. // mere i. /simples i. ‖ 84

形式～　formale A. // formal i. /i. formelle ‖ 60

对象的～　A. des Gegenstandes // i. of the object/i. de l'objet ‖ 51

至上理性　höchste Vernunft // supreme reason/raison suprême ‖ 179

质₁　Qualität // quality/qualité ‖ 86、96

质₂：同质性　Gleichartigkeit // homogeneity/homogénéité ‖ 150

异质的东西　Ungleichartig // heterogeneous/hétérogène ‖ 171

同质的东西　Gleichartige // homogeneous parts/éléments homogènes ‖ 85

质料　Stoff; Materie // matter/matière ‖ 53

智慧　Einsicht; Weisheit // knowledge; wisdom/intelligence; sagesse ‖ 135; 5

～的世界　intelligibele Welt // intelligible world/monde intelligible ‖ 107、107 注

制约者　Bedingung // conditions/conditions ‖ 143、169

既定的被～　gegebenen Bedingt // given conditioned/conditionné donné ‖ 143

～性的东西　regulativ // regulative/régulatrice ‖ 162

～原则[统制的原理]　regulatives Prinzip // r. principle/principe régulateur ‖ 136

主观基础　subjektive Grundlage // subjective basis/fondement subjectif ‖ 61

～有效性　subjektive Gültigkeit // subjective validity/validité subjective ‖ 81

～性　Idealität // ideality/idéalité ‖ 20

主项　Subjekt // subject/sujet ‖ 25、26

主体　Subjekt // subject/sujet ‖ 135

真正的～　eigentliches Subjekt // subject proper/sujet proprement dit ‖

135

思维的最终～ letztes Subjekt des Denkens // ultimate s. of thinking/dernier s. de pensée ‖ 137

准确性 Bestimmtheit // precision/précision ‖ 122 注

自存性 Bestehen für sich // subsistance by itself/consistance par lui-même ‖ 169

自明性 Evidenz // evidence/évidence ‖ 124

自然(界)概念 Naturbegriffe // concepts of nature/concepts de la nature ‖ 125

～神论 Deismus // deism/déisme ‖ 173

～主义 Naturalismus // naturalism/naturalisme ‖ 174、185、186

～哲学 Naturphilosophie // natural philosophy/philosophie de la nature ‖ 111

～神学 natürliche Theologie // natural theology/théologie naturelle ‖ 182

～趋向 Naturanlage // natural predisposition/condition naturelle; disposition naturelle ‖ 183、186

自由的主体 Subjekt der Freiheit // subject of freedom/sujet de la liberté ‖ 151

自在之物[物自体、物自身、物本身、自存物] Ding(e) an sich // thing(s) in itself/chose(s) en soi ‖ 61

自在的东西 Sache an sich // object in itself/chose en soi ‖ 149

自相矛盾 selbst widersprechen // self-contradiction/se contredire ‖ 145

自然神论[理神论] Deismus // deism/déisme ‖ 145

总体性 Allheit // totality/totalité ‖ 84 注、86

总和、完整的 vollständiger Inbegriff // complete complex/ensemble complet ‖ 130

综合统一性 Synthetische Einheit // synthetical unity/unité synthétique ‖ 116

主 题 索 引

条目按拼音顺序排列。细目酌摘重要论点和对立看法。出处页码指原书页码,见正文外侧。

〔C〕

〔D、F〕

〔G〕

〔H、J〕

〔K、L〕

〔M—R〕

〔S〕

〔T〕

〔W〕

〔Y〕

〔Z〕

图书在版编目(CIP)数据

任何一种能够作为科学出现的未来形而上学导论/(德)康德著;庞景仁译.—北京:商务印书馆,2017
(汉译世界学术名著丛书:120年纪念版:珍藏本)
ISBN 978-7-100-14845-0

Ⅰ.①任… Ⅱ.①康… ②庞… Ⅲ.①认识论 ②先验论 Ⅳ.①B081.2②B516.31

中国版本图书馆CIP数据核字(2017)第160061号

汉译世界学术名著丛书
(120年纪念版·珍藏本)
任何一种能够作为科学出现的
未来形而上学
导论
〔德〕康 德 著
庞景仁 译

商 务 印 书 馆 出 版
(北京王府井大街36号 邮政编码100710)
商 务 印 书 馆 发 行
北 京 冠 中 印 刷 厂 印 刷
ISBN 978-7-100-14845-0

2017年12月第1版 开本710×1000 1/16
2017年12月北京第1次印刷 印张15¾
定价:80.00元